U0656273

城市图书馆研究

第四卷第一辑

主管单位　杭州市文广新局

主办单位　杭州图书馆
　　　　　杭州市图书馆协会

主编　褚树青

副主编　王世伟　粟慧

执行主编　屠淑敏

编辑部　屠淑敏　吴宇琳　马臻加

编辑委员会

主任委员　周和平

副主任委员　钮俊　张朋　吴慰慈

委员（按姓氏笔画排序）

于良芝　王世伟　李国新　刘洪辉　朱强　邱冠华
吴晞　吴建中　陈传夫　张勇　范并思　柯平
郭向东　徐洁　倪晓建　程焕文

图书在版编目（CIP）数据

城市图书馆研究. 第 4 卷. 第 1 辑/褚树青主编. --北京:国家图书馆出版社,2016.6
ISBN 978 - 7 - 5013 - 5605 - 8

Ⅰ.①城…　Ⅱ.①褚…　Ⅲ.①市级图书馆—研究　Ⅳ.①G258.22

中国版本图书馆 CIP 数据核字（2015）第 132076 号

书　　名　城市图书馆研究. 第四卷第一辑
著　　者　褚树青　主编
责任编辑　王　雷　王炳乾

出　　版　国家图书馆出版社（100034　北京市西城区文津街 7 号）
　　　　　　（原书目文献出版社　北京图书馆出版社）
发　　行　010 - 66114536　66126153　66151313　66175620
　　　　　　66121706（传真）,66126156（门市部）
E-mail　　btsfxb@ nlc. gov. cn（邮购）
Website　www. nlcpress. com ——→投稿中心
经　　销　新华书店
印　　装　北京玥实印刷有限公司
版　　次　2016 年 6 月第 1 版　2016 年 6 月第 1 次印刷

开　　本　787×1092（毫米）　1/16
印　　张　9.5
字　　数　146 千字

书　　号　ISBN 978 - 7 - 5013 - 5605 - 8
定　　价　54.00 元

新环境下的城市图书馆建筑

怎样的图书馆建筑才是完美的？网络背景下的图书馆实体该如何设计？图书馆的内部空间应该如何布局、如何布置？图书馆的外形与内涵应该如何有机融合？每一位面临图书馆新馆建设的主事者都会有一肚子诸如此类的疑问。

杭州图书馆的新馆建设也遇到了一样的问题，在我们面前没有成熟的经验可循。当时，传统格局的图书馆样式已然消亡，但新型的格局样式还没有形成，我们的眼前一片茫然。无疑，这将是一次需要有足够勇气和充满想象力的探索。即使借用一句时下流行用语——摸着石头过河来形容也还太过简单。因为，一座成功的图书馆建筑，不仅需要有完善的功能实现，更需要有美学和最新科技成果的成功应用，使之成为具有时代特征的城市发展水平的综合反映。

在连续几年的高度紧张的日子里，我与我的同事们在想象中寻找新馆的形象定位，在不断的讨论中碰撞灵感的火花，在反复的修改中完善各种细节。整个过程中，我始终被一种忐忑不安的情绪笼罩着，直到正式开馆的前两天，所有的书架、家具和装饰构件基本到位，完整的空间效果基本呈现出来，我感觉基本达到了我想要的效果，这时，一颗悬着的心才总算放下。之后，许多行业内外的朋友参观了杭州图书馆新馆，对其空间格局、装饰效果和色彩氛围等都给予了很高的评价，但不足自喜，因为时代发展太快，要不了多久，任何的成功都会很快被超越。

刚刚开馆不久的丹麦第二大城市奥尔胡斯的新图书馆和日本岐阜市的新图书馆就是很好的例子。它们的建筑理念、功能定位、空间设计、环境布局等各方面都很超前，甚至图书馆的名称分别改为了"媒体中心"和"媒体空间"。两座相隔万里的城市，有着完全不同的民族和文化特性，竟不约而同地采用了相似的名称，这只能说明互联网已深深地改变了图书馆的功能定位。我理解，未来的图书馆就是一个多元的服务媒介。定位的变化必然带来名称的变化，也必然带来服务方式和空间要求的变化，其结果，必然带来图书馆建筑形态的根本性变革。未来的图书馆，虽然还是图书馆，但肯定不是传统意义上的图书馆，它必定是不断进化的图书馆。"图书馆是不断生长的有机体"，的确如此。

现在，为了适应这种变化，世界各地大量的图书馆都在改建或新建之中，虽然有各自不同的条件，但碰到的问题是相似的。我在想，如果让已经经历过图书馆建设的主事者们把其中的得失谈出来，不仅可以记录下这个时代的图书馆变化轨迹，还可以从中提炼出具有学术和文化价值的东西，为后来者提供借鉴，这是一件很有意义的事情。

蒙全国有此经历的图书馆同仁的响应，有了本期《城市图书馆研究》的专题论文。当然，这只是其中的一部分，我希望还会有更多关于这一话题的讨论，《城市图书馆研究》也很愿意就这一专题再出续篇。

目 录

Contents

城市图书馆作为"第三空间"的建筑特征分析

——基于广州图书馆新馆的案例

方家忠

Architectural Features of City Library as a "Third Space"

—A Case Study of the New Guangzhou Library

Fang Jiazhong

摘要：以雷·奥登伯格"第三空间"理论为基础,结合城市社会学公共空间理论,分析"第三空间"的建筑特征,进而对广州图书馆新馆建筑进行研究,提出城市图书馆作为"第三空间"在建筑方面所要具备的八个特征。

关键词：第三空间,公共空间,城市社会学,城市图书馆,图书馆建筑,广州图书馆新馆

Abstract：This paper analyzes the architectural features of third spaces based on the "Third Space" theory by Ray Oldenburg and the theory of public space of urban sociology. The author studies the new Guangzhou Library and summarizes eight architectural features of city public library as a third space.

Keywords：third space, public space, urban sociology, city libraries, library buildings, the New Guangzhou Library

"第三空间"理论是当前图书馆界学术热点之一。广州图书馆新馆作为我国最新的大型城市图书馆,开放一年多来,基本服务效益创造了新纪录,引起了业界的广泛关注,成为可以从建筑、功能、服务等多角度观察图书馆发展的一个新样板。本文试图从"第三空间"及更广泛的城市社会学的理论视角,对广州图书馆新馆案例进行分析,并借此对城市图书馆作为"第三空间"的建筑特征进行探讨。

1 "第三空间"的定义与特征

1.1 雷·奥登伯格(Ray Oldenburg)对"第三空间"的描述

关于"第三空间"的概念,不同学者有不同的定义,也有越来越多的行业用"第三空间"来推广他们的品牌和企业,其中星巴克咖啡是最著名的例子之一。图书馆界多用美国城市(都市)社会学家奥登伯格的提法[1]。在他撰写的《绝好的地方》(The Great Good Place)一书中,他定义的"第三空间"是城市中除家庭和办公室以外的公共空间,像市中心的杂货

方家忠,广州图书馆馆长,研究馆员。Email：gtfjz@ gzlib. gov. cn

店、酒吧、咖啡店、图书馆、城市公园等。在这些不受功利关系限制的空间里,人们的关系是自由平等的,没有职场的上下等级意识,也没有家庭里各种角色的束缚,可以把真正的自我释放出来。在生活节奏紧张、匿名性强的大城市里,这样的空间是人们在家庭和工作之外发展一些非功利性社会关系的理想场所[2]。奥登伯格认为"第三空间"有八个特征:

(1)中立的场所:参与者通常没有正式的责任、义务,没有财政、政治或法律的关系,不同的人来去自如,做他们想做的事情。

(2)平等主义者:个体的经济、社会地位并不是最重要的。

(3)交流是主要的活动:谈话是有活力的、鼓舞人心的、多姿多彩的和参与式的。

(4)无障碍和包容的:"第三空间"往往是便利的,其地理位置优越,通常处于从家庭步行可达的范围之内,开放的时间较长尤其在工作时间之后。

(5)有常客:员工和常客给空间定调,设定气氛和区域特征。常客也吸引新人,使他们感到受欢迎和容易融入。

(6)低调:"第三空间"给人的感觉是温馨的、舒适的、不势利、不自命不凡,接纳来自不同阶层不同行业的人们。

(7)有生机和活力的氛围:它鼓励人们怀着好心情长时间停留和经常光顾,在这里,有食品、饮料、游戏、交流。

(8)一个类似于家的地方:经常待在"第三空间"的人们对此地方有很强的归属感,有时甚至有主人翁的感情[3]。

从奥登伯格的描述可知,"第三空间"的特征存在于不同的层面,包括城市规划、建筑、设备设施等环境层面,理念、功能与服务层面,用户参与体验层面等。营造一个良好的"第三空间",需要从不同的层面去努力。

1.2　城市社会学对城市公共空间的描述

奥登伯格是美国城市社会学家,他提出的"第三空间"实质上是城市的公共空间。为加深对这一理论的理解,我们再从城市社会学的更宽泛的视角去看城市公共空间的特征。我国社会学家郑也夫教授对公共空间的主要观点可以归纳如下:

(1)相对于私人空间而言,公共空间是公共生活展开的舞台;城市公共空间是相对于农村公共空间和私人空间并没有明确分野的状态而言;公共空间特别突出地展现和建立在城市中,是现代化、城市化的产物。

（2）城市公共空间的产生源自于人们交往的愿望和交往的需求。

（3）"人气"是衡量一个公共空间好坏的最主要标准。人有一种本性,即人往人处走,人气越足就越吸引人,人气越不足就越冷清。人有一种观看他人行为活动的愿望,这是公共空间之所以被需求的心理基础。

（4）一个好的自由的公共空间应该能够满足多种需求。这是对公共空间的设计和管理的一个要求和挑战。

（5）从社会的层面看,公共空间的发达与否是开放社会区别于封闭社会的标志之一,或现代社会与传统社会的区别。开放社会与封闭社会无论在性格、内心还是在外观、物质设置上都是不一样的。

（6）人们对公共空间的需求分为四种类型:即对舒适的需求、对松弛的需求、消极参与需求与积极参与需求。

（7）公共空间的意义或人们与公共空间的联系也分为四种类型:个人习惯,即通过家庭和工作空间之外,多一个场合来调节自己;寻找特殊的群体,如跟个人有相同爱好的群体;寻找某些公共信息;宗教和政治活动。

（8）公共空间的基本条件包括:便利、安全和大小合适的规模尺度。

（9）人们对公共空间的权利包括:进入权,即空间是开放且不受干扰的,最好还有视觉进入的功能,即人们可以从外面判断出里面的人在做什么及是否适合自己,另外还有入口处或外部有用以暗示里面内容及欢迎哪些人不欢迎哪些人的象征物。行动权,即行动的自由,但公共空间同时要处理不同的人、人群在空间分配上的冲突,对自由适度约束,对专门的活动或宽泛的活动做出选择,而是否适合残障人士、老年人等也是判断行动自由度的重要标准。要求的权利与变更的权利,这与市民社会、民主社会的发育发展相关,如果真正进入市民社会,人们就要有要求、变更等主张的权利。所有权和处置权[4]。

1.3 "第三空间"的建筑特征

从建筑的角度,比较奥登伯格和郑也夫的观点,可以归纳出以下共同点:

（1）开放而不是封闭的设计,包括视觉进入、内外空间自然过渡。

（2）便利的区位条件与公共交通配套。

（3）交流是主要功能,适宜交流休闲的空间。

（4）可以满足多种需求的空间设计，可以是多功能的，也可以是弹性的。

（5）无障碍设计。

（6）平等、亲切、吸引人。

（7）餐饮等配套服务。

（8）以人为本，以用户为中心，关注用户对舒适、安全等需求的感知与体验。

2　广州图书馆新馆建筑的形成与特点

2.1　建筑设计师理解与演绎的新馆建筑

建筑服务于功能。广州图书馆新馆建设之初其定位是：集学习阅读、信息交流、文化休闲等功能为一体的信息化、网络化、智能化、安全环保、具有鲜明时代风格和岭南人文蕴涵的图书馆，是广州市精神文明建设的重要基地；具有文献存储、文献传递、文化教育、信息导航、信息加工、图书馆学研究、对外文化交流共七项功能。新馆建筑设计方案即在此定位上展开。在2010年制订的《广州图书馆2011—2015年发展规划》中，进一步定位知识信息枢纽、终身学习空间、促进阅读主体、多元文化窗口、区域中心图书馆等五大使命。此时，尚未完成的内部空间设计依最新定位进行了局部调整。

新馆建筑设计方案由日本株式会社日建设计和广州市设计院组成的联合体完成。作为主设计方的日建设计是世界四大建筑设计集团之一，希望通过该项目打破以往保守稳健的设计思路，在中国的公共建筑设计领域能够有所斩获，树立在中国的建筑设计新形象，这是日建设计在中国设计市场定位方面的战略部署[5]。日建设计的基本理念是"选择正确的设计方向"，即根据历史发展评估未来趋势，从各种时尚潮流中选择最有发展前途的创意，同时尊重当地的风俗信仰[6]。

新馆是所在区域四大文化设施中的最后一个建设项目，有学者戏评新馆的设计是"三缺一情境下的空间演绎与营造"[7]。的确，设计师首要考虑的问题是如何与广场上及所在区域已有建筑相协调。这也是广州市政府选择现设计方案的主要原因。对新馆建筑的外观造型和内部空间的形成，主设计师宫川浩先生这样描述，"我们的设计灵感来源于书籍，想象这个图书馆是由很多书籍堆积而成。同时考虑到旁边的博物馆是方形设计,我们作为紧密相连的建筑,最好以长条形并具线性美感的建筑匹配,因此才有大家看到的图书馆'之'字外形。"所谓"之"字外形,就是说无论你鸟瞰还是侧看,新馆都和中国汉字"之"字很像,宫川浩说,这个造型就像翻开的书页,意味着知识带给人惊喜。新馆的惊喜还不止于奇特的外观设计,走进它的内部,你也会情不自禁地"哇"一声,然后感慨所在的地方不像一个图书馆,倒是仿佛置身高级 Shopping mall。这样气魄宏大且具有动感的内部设计,除了考虑足够的美观以外,也有其特别的意义。宫川浩说:"作为一个大型的公共建筑,我们要考虑这里承载的人数。为了保证即便人数相当多的时候,空间看起来也不会狭窄和压抑,所以选择了通高的中庭设计。同时,因为馆体庞大,为了让访客清楚自己所在的位置,所以设计都是半封闭的。"[8]

在环境设计方面,新馆呼应华南地区的传统文脉,运用广州地区典型的建筑符号——骑楼,对各主要入口进行挑高设计,在室内空间与室外空间之间形成自然过渡。

在立面设计上,新馆建筑原型是一个长条形、充满智慧象征的形体。建筑师对这个形体进行分割,寓意受到重力、摩擦等自然力的作用后,形成"之"字形"书"所特有的优雅造型。其外观寓意书籍堆积的造型,具有极富雕塑感的粗犷外表,并以倾斜的体量体现现代建筑的动感精神。体量的分割令人仿佛可以看到巨大的书架整齐地排列着书籍。由远渐近直至进入新馆后,人们亦如同遨游在由数百万册开架图书所形成的书山书谷中,享受探索文化的旅行。

在结构设计上,新馆工程最大的建筑特点是倾斜和西端的单柱支撑。

总体而言,无论从城市规划、建筑形态、结构配合还是节能技术应用等方面,新馆设计都有诸多创新,具有以下特征:

(1)通过形式上轴线对称的处理与外立面材质的统一与其他建筑相融合。

(2)外观设计通过外装石材表现书本堆积的形象,隐喻图书的"文化地层"般的历史含义,并通过叠层石材凹槽处开口满足图书防晒的需求。

(3)引用商业空间布局手法,创造面向市民开放的多层立体公开阅览区,并通过中间的共享大厅提高整体空间识别性,方便垂直交通。

005

（4）通过共享大厅顶部天窗获得充足的采光和自然通风效果，实现绿色建筑目标[9]。

2.2　公众与图书馆员对新馆建筑的认知

公众对新馆建筑的认知，经历了一个颇具戏剧性的、从质疑到不怀疑、认可的转变过程。在新馆建设过程中，公众讨论、媒体报道最多的是新馆的倾斜设计，"中国倾斜角度最大的框架结构建筑"，甚至直接指新馆为"中国第一斜"。2010年广州举办第16届亚运会之前，《广州日报》组织公众投票评选"新广州好百景"，新馆荣列其中。新馆开放以后，入馆者纷纷感叹，新馆不像图书馆，"比图书馆更像商场"；到访的珠三角其他城市的游客尤其慨叹于新馆气势恢宏，"不是广州这样的中心城市不可能有这样的建筑"。新馆开放一段时间以后，有很多读者开始抱怨，"新馆太吵"像市场、游乐场；但同时也有很多读者表示很喜欢新馆，"每周都会带着孩子来"。还有一个突出的现象是，新馆开放以后，游客纷至沓来，据估算节日期间游客人数约占接待访问人次的7％，即平均每天接待游客约1600人。以上情况表明，公众对新馆建筑的关注度极高，同时逐步形成总体正面评价。建筑成为广州图书馆新馆吸引人气的一个重要因素。

而从图书馆员的视角，也同样经历了一个从认为不适合到认可、从担忧没人来馆到因每天入馆者太多而担忧安全问题的过程，总结出新馆具有现代、时尚、亲民的建筑特点，并逐步形成具有强烈实用主义的共识：能吸引人的设计就是好设计，能用得好的建筑就是好建筑。

3　从"第三空间"的视角分析广州图书馆新馆的建筑特征

如前所述，"人气"是衡量一个"第三空间"、公共空间好坏的最主要标准。如果从结果的角度，广州图书馆新馆无疑是一个好的"第三空间"：在开放一年之后，2013年新馆接待访问量达到434万人次，平均每天接待1.8万人次，节假日多在2万~3万人次，最多一天接待3.9万人次，创造了国内公共图书馆的新纪录；举办各种活动454场次，共28.3万人次参与；公众参与度、社会关注度很高，新馆建成开放和正式全面开放连续两年经公众投票入选2012、2013年"广州市入载地方志十件大事"，大众媒体2013年各种报道共计632次。不同的人、群体、组织、机构等怀着不同的目的来到图书馆，参与各种主题或群体的各种各样的交流活动。这一结果令我们

思考,广州图书馆新馆建筑与"第三空间"理论究竟有哪些契合之处。以下试作分析:

(1)开放而不是封闭的设计,包括视觉进入、内外空间自然过渡。如前所述,新馆运用岭南地区的建筑符号——骑楼,对各主要入口进行挑高设计,馆内空间与馆外空间处在同一平面之上,形成自然过渡;在地面材质的运用上,新馆大堂采用了与外部市民广场同样普通的火山岩材料;在东西两个入口,运用通透的大面积玻璃幕墙,使图书馆内部的开阔空间、读者通过电梯与自动扶梯在上下楼层之间、在南北楼连廊之间的活动,即使在外广场的远处也能一览无遗,很好地营造出了视觉进入的效果。如果说著名的纽约市公共图书馆前的大台阶是"第三空间"的话,广州图书馆新馆的"第三空间"则一直延伸到了馆内大堂及各个楼层。吴建中馆长将广州图书馆的内外广场生动地诠释为一个"内外不分、无限延展的城市公共广场""一个'人'字形公共广场"[10]。这样的设计使馆内外空间自然过渡,吸引公众可以没有任何障碍(物理或心理上)地走进图书馆。新馆这一开放的建筑特征是基于平等主义并保证平等主义实现的技术条件,它定义馆内馆外是一个平等的空间,给公众的感觉是亲切、无障碍的。这有别于传统图书馆多采用的殿堂式、古希腊神庙式、罗马式或文艺复兴式的建筑风格,及由此想要营造、传递的知识与文明的崇高感。这一特点是广州图书馆新馆在建筑上非常重要的内在特征,我们定义其为一种崭新的"亲民"风格。

(2)便利、优越的区位条件与公共交通配套。新馆具有非常优越的位置条件,而且处在"第三空间"的"嵌套"之中。首先从城市规划上,新馆所在珠江新城位于新的城市中心,处在现代化城市的南北新中轴线与古老珠江东西景观轴线的交汇点上;置身于广州市最大的市民广场——花城广场,该广场被定位为"城市客厅";与广州大剧院、广州市第二少年宫、广东省博物馆同属四大文化建筑,与中国第一高塔、广州最新城市标志——广州塔隔江相望,与国际金融中心(西塔)、东塔等著名建筑及海心沙亚运公园毗邻。该区域有七大建筑入选"新广州好百景",已经成为广州市民最大的休闲文化区域和外地游客到访广州的首选目的地。区域地下规划为广州市最大的地下商城,商业经营空间将陆续开放,而且中轴线珠江以南部分正启动建设广州市新博物馆、新美术馆、科学馆、文化馆等四大文化设施。可以说,新馆正处在一个由广州市最好的文化休闲设施所形成的文化共同体或"第三空间"共同体或"第三空间嵌套"中。这样的位置条件确实得天独厚。如果说图书馆作为城市"第三空间"要更多突出在城市中的地位,以及与城市和居民之间的关系,那么图书馆在城市规划中的地理位置就是一个最重要的表征。公共交通配套上,目前有三条地铁线站点在步行十分钟距离之内,五条公交线可以到达该区域,整个广场地下配套有比较充足的停车位。随着地下商场的逐步启用,公共交通将更趋完善。从服务绩效、与城市关系、功能发挥与社会作用等提升的角度,对广州图书馆而言,区位条件的重要性是摆在第一位的。我国当前公共图书馆尚未达到普遍设置水平,因此图书馆区位的选择在整体上更是重要的。

(3)交流是主要功能,具有适宜交流休闲的空间条件。在新馆建筑设计中,交流空间形态可分为五个层次:图书馆整体是一个交流空间,展厅、报告厅、多功能厅、研究与交流区等专门的交流服务区域,文献服务区域中配套但相对独立的交流区域,文献服务区域中配套但融为一体的交流区域,以及灵活组织、由沙发台椅等构成的适合于三两个人的个性化交流空间。与许多图书馆相比,广州图书馆新馆尤其具有自身特点的是:比较多地设置了第三、四层次的小型交流空间;大开间设计可以形成一系列灵活组织的交流空间;因倾斜的建筑造型带来的大量的处在边角位置的休闲空间。这些交流空间的特点又在于:与文献服务空间融为一体;开放,欢迎人们参与,不论是"积极参与"还是"消极参与";具备举办小型交流活动的空间规模;配备可移动的展板、书架、沙发台椅、电子屏幕、小型音响等设备设施;适应不同范围、不同主体之间的交流需要,包括一对一、一对多、多对多等交流范围,也包括公众个体、群体、组织甚至城市政府等交流主体;可以提供小型化的真人书、展览、沙龙等活动。而其优点在于,适应了公共图书馆读者活动日益小型化、常态化、多样化、自组织等新趋势,为多主题、多群体、多面向、不同规模的交流活动提供了条件,吸引越来越多的读者、读书人、文化人、知识精英、居民、居民群体、单位机构等"积极参与"图书馆活动,也汇聚了大量社会资源为公众服务,以及由此获得大众传媒及社会各界的广泛关注,为提升公众对图书馆的认知发挥了重要作用[11]。这也是社会各界普遍认为广州图书馆新馆服务形象有很大改变、充满生机与活力并进而认知城市活力、开放与包容的物质支撑条件。在城市这个"非熟人社会"中,人们在图书馆交流知识、信息、思想、观念乃至感情,结交新朋友,融入与自己有共同爱好的小群体,在心理、情感层面产生归属感,使图书馆成为精神生活的家园;新居民在新馆感受到被城市接纳,新访客在新馆感受到自己受欢迎,他们与城市的关系在图书馆被基本界定,并以此为基础进一步发展。

(4)可以满足多种需求的空间设计,可以是多功能的,也可以是弹性的。新馆以十万平方米的体量,容纳了满足公众个体、群体、组织等各层面服务对象的各种主题化、群体化和各种规模需求的多种空间设计,兼具音乐馆、美术馆、博物馆、体验馆等功能元素。同时又因每个平面大开间、无隔断的设计,为越来越多交流活动提供了充分延展的可能。

(5)无障碍设计。新馆具有符合规范的针对残障人士等特殊群体的各种无障碍设计。

(6)平等、亲切、吸引人。新馆"与能够提高文化新区魅力的计划相辅相成,以动感的开放式公共图书馆改写了以往大型图书馆安静至上的封闭印象"[12]。新馆造型设计个性鲜明,符号性强,辨识度高,公众普遍认可其作为世界一流公共建筑的设计水平,具有强烈的广告效应;"美丽书籍"的设计理念及"之"字优雅体造型符合公众对图书馆功能的认知;与造型设计的"高大上"不同的是,内部装饰设计定位中端,低调不奢华。加上前述基于平等主义的现代、开放、亲民风格的设计,对公众形成了强烈的吸引力。

(7)提供餐饮、停车、饮用水、公共电源、无线网络等配套空间、设备设施与服务。

(8)以人为本,以用户为中心,关注用户对舒适、安全等需求的感知与体验。这一点尤其集中地体现在内部空间的设计上。内部通高中庭设计气魄宏大、现代感强烈,商场式楼层空间设计给人以开放、自由、明快、放松的感觉,中间共享大厅提高整体空间识别性,方便垂直交通,顶部天窗设计可以获得充足的采光和自然通风效果,实现绿色建筑目标等。"图书馆内设计如同一座大型百货店。在宽广的馆内建有大型开放式中庭,在这里,馆内情况一目了然:由此乘坐自动扶梯或观光电梯,可直接前往想要搜寻的书籍的所在楼层。在这座 10 层建筑物里,图书、外国书籍、少儿读物、中国古籍、多媒体等不同分类的图书、影视资料等如同专卖店似的一字排开,宾客可如逛商场购物一样在馆内游览,也可随意阅览自己喜爱的图书。"[13]吴建中馆长说,"第三空间"根据人的需要设置,因此"以人为本"是最主要原则[14]。广州图书馆新馆的内部空间设计突破了传统以营造安静环境为主要目标的思路，真正把"人"放到中心，关注并力图实现用户的良好感受与体验。

综上所述，广州图书馆新馆建筑设计较好地契合了"第三空间"理论，为新馆作为"第三空间"获得旺盛的"人气"创造了硬件条件，也满足了图书馆功能与服务的转型需要。新馆还从外部造型的倾斜动感设计、内外空间平等关系与自然过渡设计、内部空间商场式开放设计等三个最重要的方面，大大改变了从公众到馆员对公共图书馆的固有印象。可以说，广州图书馆新馆作为一种全新风格的设计，为图书馆更好适应社会发展的内在要求、发挥作为城市"第三空间"的功能做了非常有益的探索。

4　结论：城市图书馆作为"第三空间"所要具备的建筑特征

正如2013年国际图联新加坡年会的主题"一切皆有可能"，也正如英国伯明翰图书馆对新馆进行"重新定义"，处在转型发展中的城市图书馆其建筑也需要结合"第三空间"等理论进行重新定义。从功能与作用发挥的角度，根据广州图书馆新馆的案例，城市图书馆作为"第三空间"所要具备的建筑特征，依重要性排列如下：

（1）便利的区位条件，包括"第三空间"共同体的形成与完善的交通配套。这是保障城市图书馆具有旺盛"人气"的基础条件。

（2）开放的设计，包括视觉进入、内外空间自然过渡等。其目的在于尽可能消除公众利用公共图书馆的物理门槛。

（3）平等、亲切、吸引人的建筑风格。将城市图书馆内部空间定位为与外部公共空间平等的空间，是世俗化而非令人尊崇的空间，这是进行技术层面的开放设计的心理基础。

（4）以人为本，以用户为中心，关注用户对舒适、安全等需求的感知与体验，对某种既定环境的营造至少要摆到第二位。

（5）无障碍设计。

（6）交流成为与阅读、学习同等重要的功能，要有适宜交流休闲的各种形态的空间。传统的阅读、学习仍然是图书馆的基本功能，但交流功能同时已占据主体位置，并努力"嵌入"传统功能之中；交流空间从馆外广场、台阶绵延进入馆内空间，空间形态、规模要适应交流主体（包括居民个体、群体、组织、机构甚至政府部门、城市等)、交流层面与形式多样化的需要。作为"第三空间"的图书馆应该为人们发展新的非功利性的社会关系创造条件,它甚至应该成为人们观察一个城市居民生活状态的一个窗口。

(7)可以满足多种需求的空间设计,可以是多功能的,也可以是弹性的。

(8)餐饮等配套服务。

参考文献

1,14　吴建中.转型与超越:无所不在的图书馆[M].上海:上海大学出版社,2012:53—80.

2　钟和晏.公共关系:第三空间与精神空间[EB/OL].[2014-05-15].三联生活网http://www.lifeweek.com.cn/2007/0911/19583.shtml.

3　AZALI K. "Third Place" in the library: Supporting participation and engagement[M]//方家忠.大都市的公共图书馆事业国际学术研讨会论文集.广州:中山大学出版社,2013:92—93.

4　郑也夫.城市社会学[M].上海:上海交通大学出版社,2009:170—191.

5,9　杨熹微.广州新图书馆为功能服务的造型[J].时代建筑,2011(3):80—85.

6　ALICE.日本日建集团:建设一个成功的公司[R/OL].[2014-05-15].http://re.chinaluxus.com/Dsg/20130319/269157.html.

7　杨明,丁锋.三缺一情境下的空间演绎与营造——广州图书馆新馆设计竞赛评析[J].城市建筑,2006(9):85—88.

8　刘洋.广图新馆[EB/OL].[2014-05-15].http://www.ycwb.com/ePaper/xkb/html/2013-01/07/content_59901.htm? div=-1.

10　吴建中.广图:无限延展的城市公共广场[EB/OL].[2014-05-15].http://blog.sina.com.cn/s/blog_53586b810101a56i.html.

11　方家忠.广州图书馆新馆开放后的若干启示[J].图书馆杂志,2014(2):4—9.

12,13　宫川浩,野口直人,张健.现实生活中的知识宝库[J].NIKKEN JOURNAL,2014(Spring):11.

作为城市"第三空间"的音乐图书馆

李　培　宫　倩

Music Library as City's "Third Space"

Li Pei　　Gong Qian

摘要：将图书馆与"第三空间"的概念相结合是近年来备受图书馆情报学界关注的方向,也是图书馆未来发展的大趋势。这种结合不仅发掘了图书馆作为"场所"的意义,对图书馆读者与社会发展也有着重要的价值。本文阐述了公共图书馆作为"第三空间"的理由与意义,并以天津图书馆音乐馆为例,分析了其营造"第三空间"的思路与对策。

关键词：公共图书馆,第三空间,音乐图书馆

Abstract：The combination of library and the concept of "third space" is the direction of library information science concern, as well as the general trend of the future development of libraries, which not only explores the significance of library as a "place", but also has an important value to library readers and social development. The paper describes the reasons and significance of public library as a "third space", and analyzes the strategies of how to build a "third space", by taking Tianjing Music Library as an example.

Keywords：public library, the third space, music library

1　城市的"第三空间"

1.1　"第三空间"的定义

"第三空间"的概念由美国社会学家奥登伯格在《绝好的地方》一书中最先提出。他在书中称：家庭居住空间为第一空间,职场为第二空间,二者之外的公共空间为"第三空间",如城市中心的闹市区、酒吧、咖啡馆、城市公园,等等。在这样的场所里,人们可以摘下财富地位的面具,关系自由平等,没有职场的上下等级意识,也没有家庭里各种角色的束缚,可以把真正的自我释放出来。不仅如此,在生活节奏紧张、人与人交往愈加困难的大城市里,这种空间也是人们用来发展非功利性社会关系的理想场所。

奥登伯格在书中指出,第三空间对于公民社会、民主政治及公民参与都具有重要意义。"第三空间"是一系列的社区生活与设施,它是促进人们之间形成更为广泛和富有创造力的相互关系的锚点。

1.2　"第三空间"的功能

日本京都大学研究所教育学研究科的久野和子根据奥登伯格的理论,将"第三空间"能够为个人带来的利益做出了具体的总结：

李培,天津图书馆馆长,教授。Email：lipei@ nankai. edu. cn

宫倩,天津图书馆助理馆员。Email：gongqiansdu@163. com

- 社交能力、谈话技巧得到提高；
- 通过与不同人的交流得到"乐趣"；
- 得到精神支持；
- 新事物带来刺激和好奇心；
- 获得对于人性的正面肯定；
- 提供精神的强心剂；
- 培养友情；
- 朋友间的信息交换与互相帮助、学习朋友圈的生活智慧；
- 可以参加知识论坛；
- 可以作为个人办公室来灵活使用[1]。

这些价值对人的交往、自身提升以及心灵修养来说都有着宝贵的意义。而奥登伯格认为,这样的宝贵的利益应该是人们都可以平等、便捷地获得的。而且不只是对于个人,"第三空间"对于社会也有着独特的作用:

- 承担了维护民主主义的政治作用；
- 维持和培养人们集会的习惯；
- 将人们维系在一起、提供与不同的人见面的场所；
- 创造平等主义的实践场所,为所有人服务；
- 成为促进善行的机构；
- 提供精神安全阀；
- 保障公共领域[2]。

由上可知,"第三空间"对个人和社会都发挥着多种功能与作用。奥登伯格认为"第三空间"拥有无可比拟的独特价值与存在意义,这也是"第三空间"受到越来越多关注的理由。

1.3 "第三空间"的特征

从"第三空间"的定义与作用中可以看出,"第三空间"拥有着许多与众不同的特点,可以为社会、社区以及个人带来良好的利益和作用。也有学者引用奥登伯格的语言,总结了"第三空间"的特征,其中包括"性质中立""平等包容""以交流为主要活动""便利和谐""适合交朋友""建筑朴素""气氛开朗""家一样的安心"共八项。奥登伯格认为,街角的咖啡厅、快餐店、便利店等都是满足这些特征的"第三空间",在社区以及人们的生活中发挥着不可替代的作用。虽然奥登伯格也以书店和交流中心的图书

013

室作为了"第三空间"的实例,但始终未提及公立图书馆。

随着社会的快速发展以及社会生活节奏加快,人们对这种"第三空间"的需求不断加大,而与之相反的是,能够提供这种平等、自由氛围的场所却越来越少。在这种现实下,以及在"作为空间的图书馆"(the library as place)的研究的基础上,把公共图书馆建设成"第三空间"的呼声越来越高。2009年第75届IFLA卫星会议将"作为第三空间的公共图书馆"作为主题进行讨论,此后这个概念便受到国内外图书馆界的普遍关注。

2　公共图书馆成为"第三空间"的理由

传统意义上的图书馆是知识的殿堂,是收集、整理文献资料并向读者提供利用的机构。但随着科学技术的发展,图书馆的服务不只是局限于提供纸质文献与电子资源阅览,文化展示、音乐影视欣赏、公益讲座等多样化服务也加入了进来。在舒适、便捷的"第三空间"成为稀缺资源的现代社会,在公共图书馆服务呈现综合性的趋势下,公共图书馆作为城市的"第三空间"也就成为社会的必然选择。

2.1　图书馆是知识共享的空间

图书馆是一个城市的文化象征,代表着一个城市的文化品位。在信息知识网络化、电子化的今天,读者依然愿意走进图书馆,并不仅仅是这里有有序的信息资源,更多的是与他人共享文化与知识。2011年年初,文化部、财政部共同出台了《关于推进全国美术馆、公共图书馆、文化馆(站)免费开放工作的意见》,这一政策更加快了图书馆成为"第三空间"的步伐。公共图书馆的免费开放,可以让更多的人走进图书馆,享受丰富的信息资源,交流各自的心得经验,获得精神上的愉悦。

2.2　图书馆是社会交流的空间

科技的快速进步使现代都市人群足不出户就可以获得丰富的信息资源,而现代邻里、社区关系的变化使得人们趋向于封闭在各自的小家庭中,缺少与人的,尤其是陌生人的交流。但"人类本性深处蕴藏着一种情绪共鸣的激情,而这种激情是需要激发的,需要依托于特定的场合"[3],开放、自由的公共图书馆便成为这个场合。在这种轻松、无束缚的氛围下,人们更容易与他人建立信任的关系,从而进行精神上的交流,达到城市和谐发展的目的。

作为城市『第三空间』的音乐图书馆

图 1　天津图书馆阅读平台

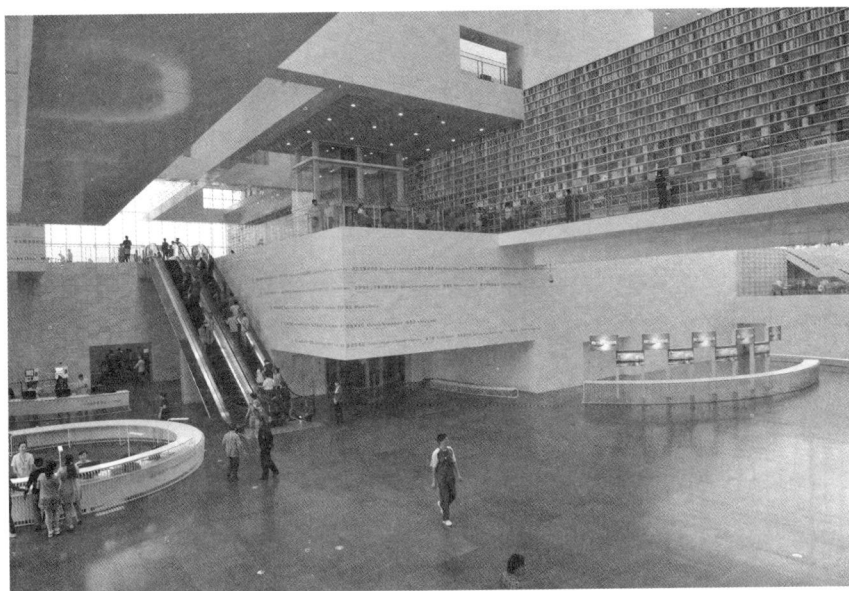

图 2　天津图书馆共享大厅

015

2.3　图书馆是减压休闲的空间

在节奏加快、压力无处不在的今天,每个人都希望有一个释放压力、放松神经的空间。所有人都可以自由出入、获取知识的图书馆成了越来越多人的减压空间。读书是一种非常有效的放松心灵的方式,通过阅读修身养性,可以使焦躁、紧张的心情平静下来,获得心灵的平和。另外,图书馆的服务是免费向全体市民提供的,因此在图书馆中没有职业、身份、财富等社会标签的区别,这种平等自由的氛围也是读者缓解压力、放松心情的理想空间。

"图书馆作为'第三空间',是人们生活节奏加快、图书馆向综合性发展的趋势的需要。从本质上来说就是使图书馆从'书'的空间转变为'人'的空间,通过打造舒适的空间,提供社交和活动机会,承担社会功能,达到聚集人气、凝聚智慧和思想的目的。"[4]

"把图书馆定位在第三空间,打破了图书馆的传统定位,赋予了图书馆新的使命,它不再是一个单纯的获取信息和借阅浏览的地方,而是融合了人文精神、文化内涵与生活艺术的结合体。"[5]

由于图书馆的这种特质,"作为第三空间的图书馆"一经提出便引起全世界图书馆情报学研究人员的瞩目。同时,越来越多的图书馆也尝试将这一概念运用于实践中,开始建设具有"第三空间"作用的图书馆。其中,天津图书馆的音乐馆就是将图书馆与音乐相结合、打造"第三空间"的一个成功案例。

3　天津图书馆音乐馆营造"第三空间"的探索

天津图书馆音乐馆于 2012 年 10 月开馆,音乐图书馆共规划有五个区域,分别为:音乐普及讲座区、音乐普及欣赏区、专业欣赏体验区、音乐资料收藏区和音乐录音室。音乐馆的建立进一步拓展了传统图书馆的服务功能,通过普及音乐艺术,传播礼乐文化,提高人民群众的音乐艺术修养水平,进一步发挥了图书馆的社会教育职能。经过一年半的开馆服务,音乐馆获得了众多读者的喜爱,成了音乐爱好者享受音乐、学习音乐、交流音乐的"第三空间"。

3.1　建立高水平音乐欣赏空间

在公共区域建立开放式音乐体验空间,使读者在舒适的环境中,根据兴趣选择音乐资源,体验音乐欣赏的乐趣。建立专业级影音欣赏和体验空间,引进高品质专业音响设备,为音乐爱好者提供一个在音乐厅之外获得高品质视听享受的场所。同时,音乐图书馆还建立起了完整的资源数据库,读者可使用 OPAC 检索系统查找所需要的音乐资源。

音乐图书馆以其舒适安静的环境、丰富的音乐资源、便捷的使用方式、专业的音响器材为音乐爱好者提供了一个高水准音乐欣赏体验的场所,一个提高自我修养的场所,一个放松身心享受艺术之美的场所。

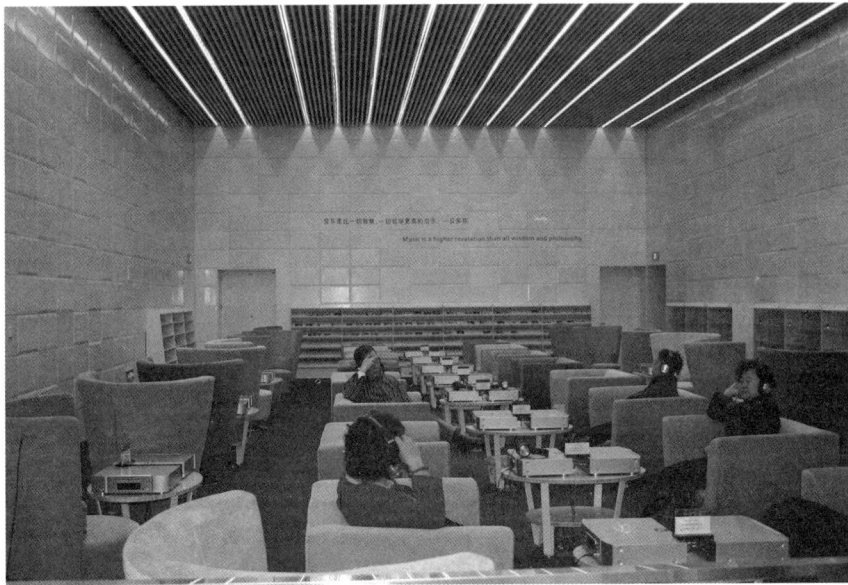

图 3　音乐欣赏区

3.2　开展"音乐大讲堂"讲座活动

为了向广大市民普及音乐知识、提高大众音乐素养、提升城市的文化品位,音乐图书馆自 2012 年开馆以来就开始举办"音乐大讲堂"系列讲座活动。经过一年多的发展,"音乐大讲堂"已经成了一个知名的文化品牌。2013 年全年音乐图书馆共举办"音乐大讲堂"讲座和活动 74 场,累计参加人数 7000 余人次,平均每月达到 580 人次。由于市民参与热情高涨,甚至出现了入场券供不应求的情况。为了使因座位限制不能进场的市民能够观看到讲座,图书馆利用现代化网络手段,第一时间将讲座视频通过网站向社会公众发布,有效地提高了讲座的社会影响,扩大了服务范围。

《今晚报》、人民网在对天津图书馆音乐馆开馆一周年活动的报道中称,"音乐大讲堂"系列音乐讲座活动为广大市民搭建了进入音乐殿堂的阶梯,开讲一年来在社会上反响强烈,大家亲切地称音乐大讲堂为"市民的音乐学院"[6]。

"音乐大讲堂"不仅是传播音乐知识和高雅文化的讲座活动,更是读者交流感想、愉悦心情、结交朋友的场所。

图 4　音乐大讲堂活动

3.3　参与教育培训项目

图书馆是读者获取知识的场所,是传播文化知识的机构,因此图书馆担任着教育基地的职能,为读者或团体提供学习的场所与机会。

为了提高天津中小学音乐教师的音乐教育理念和专业理论技能水平,促进音乐教师队伍整体素质的提升,天津市开展了"天津市中小学音乐教师素质提升专项培训项目"。音乐图书馆从培训场地、音响设备、音乐器材、音乐资料的准备等方面积极配合整体培训计划的实施,为全市中小学音乐教师提供从专家讲座、音乐欣赏、实践体验到自主研修的一站式服务平台。这种参与拓展了图书馆的社会教育职能,在学校教育教学改革中发挥了图书馆的作用。

3.4　建立残疾人服务基地

图书馆是向全体市民平等开放的,但因种种条件限制,很多残疾人无法走进图书馆,无法充分享受图书馆提供的各种文化资源。为了满足残疾人的精神文化需求,保障残疾人的文化权益,天津图书馆音乐馆建立了"天津市残疾人文化艺术基地",举办"牵手残疾人　实现中国梦"文化助残活动,让残疾人走出家门、走进图书馆,读书学习、欣赏音乐、掌握知识、陶冶情操、融入社会,不断提高自身素质。在为残疾人提供服务、保障残疾人文化权益、活跃残疾人文化生活等方面,音乐图书馆凸显了很多其他机构无法比拟的优势。

图 5　音乐讲座室

4　结语

过去,图书馆受到关注的是馆内的藏书与电子资源,但近年来,其作为"空间"的意义越来越受到重视。当今世界是一个物质满足与精神焦虑并行的时代,人们渴望理解、渴望沟通、渴望对话、渴望关怀抚慰。在这种大背景下,第三空间成了人们向往的场所,人们愿意走出狭隘、封闭、喧嚣的斗室,在没有束缚、没有压力的第三空间享受久违的人间真情[7]。随着低价、便利的"第三空间"的减少,免费、便捷、舒适、自由的公共图书馆越来越成为人们喜爱的"第三空间"。现代图书馆也正以此为目标,拓展自己的服务方向,改变服务方式。音乐图书馆的建立也是其多元化服务向社会延伸的一种新模式,对于现代文化社会和谐社会的构建有着重要的意义。

参考文献

1　久野和子.作为"第三空间"的图书馆.(「第三の場」としての図書館)[J].京都大学生涯教育学・図書館情報学研究,2009(9):19—121.

2　戴杰.少儿图书馆个性化发展的新视角[J].图书馆学刊,2010(11):81—82.

3　黄宪广.引进国外理念首创"悠"图书馆[EB/OL].[2013 - 01 - 01].http://www.ccdy.cn/wenhuabao/syb/201301/t20130103_516611.htm.

4　吴文慧.试论如何从环境设计的角度突显公共图书馆第三空间功能[J].贵图学刊,2013(2):12—14.

5　天津图书馆音乐馆开馆一周年主题音乐活动谢读者[EB/OL].[2013 - 10 - 08].http://www.022net.com/2013/10 - 8/505522183171423.html.

6　王素娇.拓展图书馆服务工作新论——公共空间论[J].山东图书馆季刊,2006(4):19—20.

7　高小军.公共图书馆作为"第三空间"的理念与实践[J].图书馆,2013(1):99—100,104.

8　李红培,鄢小燕.国内外图书馆第三空间建设进展研究[J].图书馆学研究,2013(16):16—20.

9　鲍永婵.图书馆:城市的"第三空间"[J].图书馆论坛,2011(5):16—19.

10　牛红艳.图书馆营造"第三空间"的实践探索[J].图书馆情报工作,2012(3):92—96.

11　刘丛.作为第三空间的公共图书馆社会价值分析[J].图书馆理论与实践,2012(5):69—71.

城市图书馆研究　2015 年第四卷第一辑　　　*Journal of Metropolitan Library*　Vol.4 No.1　2015

以新馆建设为东风，推动辽宁省图书馆服务
理念和管理方式的创新

王筱雯

The Construction of New Building of Liaoning Library Promotes
the Innovation of Library Service Idea and Management Mode

Wang Xiaowen

摘要：辽宁省正在推进省图书馆新馆建设工程，建成后的图书馆将是一个融学习阅读、信息交流、社会教育、文化休闲等功能为一体的现代化图书馆。本文介绍了辽宁省图书馆新馆建设的目标、功能定位、功能区域设置规划以及与新馆相适应的现代图书馆服务模式、资源建设方式和管理模式。

关键词：辽宁省图书馆，新馆建设，服务模式，资源建设，管理模式

Abstract：Liaoning province is advancing the new building construction of the provincial library, which will be a modern library with the function of space for learning and reading, information exchange, social education and cultural leisure. The paper introduces the target, functional position, functional layout of the new building construction, as well as the service modes, resource construction pattern and management mode matched with the function of the new building.

Keywords：Liaoning Library, new library construction, service mode, resource construction, management mode

辽宁图书馆原名东北图书馆，是由中国共产党领导建立的第一所大型公共图书馆。于1948 年8 月15 日在哈尔滨开馆，1949 年2 月迁至沈阳，1955 年改名辽宁省图书馆。截至 2013 年年底，有馆藏文献 566 余万册（件），在 61 万册古籍中，有善本书 12 万册，其中宋元版书近 100 部，历史和藏书底蕴深厚，在海内外享有一定声誉。回顾辽宁省图书馆建馆 60 余年的发展历程，从在哈尔滨建馆，到张氏帅府旧址，到 1994 年建设的 3.1 万平方米新馆，至 2010 年省委、省政府确定加强文化场馆建设，在浑南新城建设 10.3 万平方米的省图书馆新馆。馆舍的变迁，折射出了辽宁省图书馆从无到有，从小到大的发展历程。每一次的变迁，都伴随着图书馆馆舍条件的提升和服务理念的更新。特别是目前正在推进的省图书馆新馆建设工程，从设计风格到内部布局的规划，从信息系统建设到服务内容的设置，都体现了现代图书馆的服务宗旨和内涵。而以新馆建设为契机，将辽宁省图书馆建成一个融学习阅读、信息交流、社会教育、文化休闲等功能为一体的现代化图书馆，将现代图书馆的理念与辽宁的社会、经济、文化相结合，同时，加强管理，建立适应事业发展的运行机制，

王筱雯，辽宁省图书馆馆长，研究馆员。Email：xwwang6@yahoo.com.cn

全面提升辽宁省图书馆的办馆水平和服务功能是我们面临的重要任务。

1　新馆基本情况

近年来,随着经济发展和社会进步,人们对公共图书馆提供全方位、现代化服务的要求日益提高。进入新世纪以来,中国的图书馆迎来了新一轮建设高潮,图书馆建设正在经历着根本性的变化。辽宁省图书馆现馆舍始建于 1989 年,建筑面积 31 000 平方米,于 1994 年 10 月对外试开放,1998 年 8 月 15 日全面对外开放。随着藏书的发展和图书馆功能的拓展,现馆舍已经明显滞后于事业发展的要求和群众不断增长的需求,因此,2010 年 7 月,在辽宁省委、省政府的重视下,省图书馆新馆建设在沈阳浑南新城启动。新馆规划用地 83 200 平方米,建筑面积 103 150 平方米;计划藏书能力 1000 万册,设置阅览座席 7000 个,信息节点 4000 个,网络带宽 1000 兆,日均接待读者超过 1 万人次,投资 8.6 亿元。

2　确定新馆建设目标及功能定位

2.1　建设目标

作为辽宁省文化建设的重点工程,应确定新馆建设目标及其功能定位。为此,从新馆建设之初,我们就积极组织全馆职工研究,同时积极借鉴国内外图书馆的办馆经验,并先后组织召开省内专家学者、图书馆馆长座谈会论证。在此基础上,确定省图书馆新馆建设目标至少应该包括以下内容:"标志性的图书馆馆舍、海量的数字文献存储、领先科技的阅读服务设施、现代化的传输和办公手段、开放创新的服务理念、企业化的管理模式和机制"。

2.2　功能定位

对省图书馆新馆的功能,我们认为应该使之成为"全省文献资源共建共享中心、全民接受终身教育的学习中心、开展社会教育的活动中心、辽宁文化成果展览展示中心"。

建设集传统文献、地域文献与现代网络资源为一体、具有鲜明辽海文化蕴涵、知识聚集和知识服务相交融的海量信息资源库群和数字化服务体系。形成以省图书馆为中心,辐射市、县(区)、乡镇、村的五级文献服务体系,成为全省文献资源共建共享中心。

建设面向广大社会公众,面向科研人员,具有学习阅读、社会教育、学术研究、信息交流、文化休闲等多功能,提供自动化、网络化、智能化服务的各类阅读和学习场所,使新馆真正成为全民接受终身教育的学习中心。

建设适合不同群体、不同规模、不同形式、不同载体、不同内容、不同主题的各类讲座、展览、展示、科普教育、专业培训、学术交流等活动场所,努力发挥新馆的科学普及和开展社会教育活动的重要功能,成为面向东北、面向全国,积极开展国际交流的重要文化设施和开展社会教育的活动中心。

加强古籍保护及辽宁地方资料、人物资料、地方出版物、与辽宁省发展密切相关的专题文献的收藏,成为全省文献资源共建共享中心,知识信息的集散地,成为辽宁文化成果展览展示中心。

3　按照以读者为本的理念,规划新馆功能区设置

省图书馆新馆在设计上凸显以人为本的服务理念。使用大空间、无间隔,使其可以灵活应对未来的发展变化。在布局上,本着各主要功能区既保证相对独立,又紧密相连;静区、较静区和闹区分隔明晰,互不干扰的原则,合理设置书流、读者流、工作流,使流线清楚。

在新馆建设之初,我们就认真规划省图书馆新馆的功能区,设置了藏书区、借阅区、数字图书馆和多媒体服务区、公共活动和辅助服务区、技术设备区、业务加工区、行政后勤区等区域。

3.1　藏书区

为充分发挥馆藏文献作用,在各类书库周围设立专题阅览室,为广大社会公众、科学研究人员配备功能齐全的服务设施,使他们能充分利用省图书馆丰富的文献资料。库房将一律采用密集书架。在古籍保护方面,按照《古籍特藏书库建设标准》,采用恒温恒湿,气体灭火,防盗报警系统等,建成一流的古籍收藏、研究和保护基地。

3.2　借阅区

集阅览、外借为一体,以全开架式阅览服务为主。其中,儿童服务以创新未成年人教育功能为主线,开展集少儿信息借阅、课外阅读指导、少儿问题咨询研究、少儿活动,0～6 岁婴幼儿服务、玩具服务为一体的少儿服务体系。残疾人服务按照《城市道路和建筑物无障碍设计规范》的要求,从整体

到细节充分体现出对残疾人的关注与尊重。外借服务采用 RFID（无线射频）技术,实现 24 小时的自助借还服务。

3.3　数字图书馆和多媒体服务区

将依托新馆的智能化设计,作为各种新兴载体的展示陈列窗口,为读者提供专业的视听享受和数字图书馆的服务,以及个性化服务。

3.4　公共活动和辅助服务区

作为文化展览、图书订购展示、学术讲座、知识普及和阅读活动等场所,为广大市民终身教育和学习提供交流、互知、开放的平台。

3.5　业务设备区

突出信息化智能化建设,努力为国内外读者提供开放共享的远程服务。

4　建立适应现代图书馆发展的服务模式

4.1　以现代化、数字化替代传统服务手段

开展高水平、专业化的网络信息咨询服务。从跟踪重点课题和重大建设项目的需求入手,利用馆际互借、资源推送、文献传递、虚拟参考咨询等服务方式,加强面向重点教育、科研与生产单位的参考咨询工作,主动提供深层次、专业化的信息服务。

建立全媒体数字图书馆服务平台。以技术手段对资源进行有效的整合,利用移动通讯网、广播电视网、互联网等,搭建起满足不同服务需求的全媒体数字图书馆服务体系,开展手机阅读、电子阅读器阅读、电视阅读等服务。

建立网上学习园地。为公众提供方便的虚拟多用户学习环境,提供以提高综合素质和职业技能为目标的学习平台和课件,支持公民终身学习。通过整合网络阅读资源和提供阅读服务,建立网络阅读园地,为公众提供丰富的网络阅读资源,使辽宁省图书馆成为网络读书活动的重要阵地。

建设多媒体服务区,为读者提供电影欣赏、音乐欣赏、互联网服务等。利用多媒体手段为读者提供英、日、俄、法、德等语言的学习。

建立新技术体验区。跟踪技术前沿,为读者提供新技术的体验服务,增强现代化服务功能。

4.2　最大限度地满足不同群体的需求

简化阅读手续，新馆所有服务场所向社会公众提供免费开放。一般性阅读读者不需证件即可阅览，须办证借阅的，除古籍等特种文献外，采取一证多用、一证通用的方式。

建立集未成年人借阅、亲子阅读、未成年人活动、未成年人科普教育、少儿多媒体服务等为一体的未成年人服务体系。积极与教育主管部门沟通，努力提高未成年人素质教育，将省图书馆建成全省未成年人教育基地。

为残障人士提供盲文文献阅读、对面朗读服务、盲人数字图书馆服务。在主要阅览室、报告厅等设立残疾人席位，在新馆主入口、坡道、楼梯、卫生间、停车场等处分充考虑无障碍设计，努力为残疾人提供方便有效的服务。

引进RFID（无线射频）技术，为读者提供文献自助借还服务，设立24小时自助借还中心，为读者提供24小时无间断的文献借阅服务，最大限度满足读者的文献借阅需求。

根据读者需求和馆藏特色，强化专题文献借阅，设立小说、人物传记、艺术文献、装饰装修、大众生活等专题借阅服务。

4.3　深化图书馆的社会教育和培训功能

举办丰富多彩的讲座活动。做好辽海讲坛讲座，开办院士讲座、名家讲坛等新的讲座品牌。同时积极与社会各界合作，举办专题讲座。积极推动讲座深入城乡基层。

举办展览展示活动。一是举办书史、国内外图书馆发展史、世界各国知名图书馆等常态专业展览；二是围绕重大事件、社会热点问题，举办不同主题的展览展示；三是与社会各界合作，举办各种专题展览；四是加入国家图书馆展览联盟，引进全国各省的特色展览巡展，强化展览展示功能。

成立培训中心。开展面向读者、面向省内图书馆界、面向社会不同群体的培训，使培训工作成为社会教育职能拓展的重要手段。

开展全民阅读活动，利用世界读书日、全民读书月、图书馆服务宣传周、科普活动周等活动，举办全民阅读活动，通过开展读书报告会、读书知识竞赛、读书演讲比赛等，推广全民阅读。形成覆盖全省的社会阅读机制。积极开展面向农民工、妇女、未成年人、老年人、残疾人的阅读活动。

围绕新馆建设，做好新馆室内外景观设计、绿化设计，在不同区域增设文化休闲阅读场所，使新馆成为市民的文化休闲中心。

以新馆建设为东风推动辽宁省图书馆服务理念和管理方式的创新

4.4 构建辽宁地方特色文献品牌和服务

建立辽宁文库,系统收集辽宁籍作家的作品和记录辽宁史实的作品及与辽宁有关的地方文献,提供专题展示和阅览咨询服务。

广泛征集辽宁地域文化资源,如清文化、辽宁名胜古迹、辽宁博物、辽宁文艺精品、辽宁文化名人、辽宁工业遗产、老工业基地振兴、辽宁非物质文化遗产、辽宁体育等各类资源,提供专题服务。

完善辽宁省政府信息公开查阅,主要与省委、省人大、省政府、省政协,以及各有关部门沟通,扩大信息征集范围,努力为读者提供政府信息服务。

建立辽宁地方文化展示馆,系统展示地方特色文化资源。

4.5 推进古籍保护、开发与利用

完善古籍保护条件,探索先进的古籍保护技术。开展古籍数字化技术和缩微复制技术的应用。

完善国家级古籍修复中心建设,建设古籍修复实验室,加强古籍修复工作,对破损古籍进行系统修复。

建立书籍博物馆,系统展示馆藏珍善本、满文文献、满铁资料等,体现馆藏特色,让珍贵文献展示于大众,服务于大众。

利用馆藏古籍特点和优势,系统开展古籍整理出版工作,使馆藏古籍得到充分开发利用。

4.6 发挥省图书馆在全省的辐射作用

探索总分馆制,在各市图书馆建设辽宁省图书馆地区文献服务中心,形成以各市图书馆为中心,辐射县区、乡镇、行政村的五级图书馆服务体系,为全省公众提供公益性、基本性、均等性、便利性的文献信息服务。

在人流密集区域,配置自助借还机、流动图书车等流动服务设施,方便群众就近便捷享受到图书馆服务。

加强数字图书馆建设,建设辽宁省图书馆地区数字图书馆分馆。通过VPN 等网络技术,建立以省图书馆为中心,服务市、县、乡镇(社区)的数字图书馆服务网络,支持全省各地数字图书馆之间的资源与服务的共建共享。

发挥学会作用,开展省内学术交流、学术研究和行业协调,增强全省各系统图书馆的凝聚力和影响力。

4.7 积极推进国际交流

积极引进国际论坛交流等活动,扩大图书馆影响;进一步拓展与国内

外图书馆界的交流与合作,积极举办国际图书馆之间的学术交流活动;积极参与中图学会与国际图联等组织的工作与活动,寻求有实质性内容的国际性合作项目,提升我省图书馆影响力。

5 新馆文献资源的充实和调整

2013 年 9 月,时任辽宁省省长陈政高在视察辽宁省图书馆新馆工程时,提出从 2014 年起,将省图书馆的文献购置经费从 1600 万元增加到 2500 万元,为新馆藏书建设的开展提供了保障。

5.1 加大数字资源建设

围绕社会发展重大问题、重要学术研究领域和社会公众的需求,通过采购、自建等方式,进一步增加数字资源总量,逐步建设专题资源库,提高知识提供服务能力,为网络信息服务创造良好条件,为全省各级图书馆开展服务提供信息支持。

5.2 加强地方文献工作

利用呈缴、征集、交换等方式,加大对地方文献的入藏力度,系统保存辽宁省的地方特色文献资源。

5.3 扩大古籍收藏

通过购买、交换等方式,扩大馆藏古籍收藏,通过合作数字化、缩微化、合作出版等方式,收藏中国古籍的复制件,特别是有关辽金、前清时期的资料。

5.4 扩充外文文献馆藏

增加外文文献保有量,重视科技文献收藏和结构调整,形成学科专业全,语言种类多,印本资源和数字资源、实体资源和网络资源互为补充的外文文献保障体系。加大满铁资料、旧俄文资料的征集。

5.5 完善保存本制度

在继续完善出版物保存本制度建设的基础上,研究并实施将新型载体文献纳入保存本馆藏体系。扩大文献入藏范围,建立文献征集机制,面向社会征集具有历史文献价值和重要社会价值的特色文献。

5.6 搜集与保存网络信息资源

对具有长期保存意义的中文网络信息资源进行搜集与保存,如政府公开信息、辽宁地方文献信息等。

以新馆建设为东风推动辽宁省图书馆服务理念和管理方式的创新

6　建立科学化、规范化的管理模式

新馆建成后,将切实发挥信息时代公共图书馆的效益。树立抓管理、树形象、努力提升辽宁省图书馆综合服务水平的工作思路,在事业发展政策环境不断优化的背景下,抓住新馆初建的良好机遇,努力建立充满生机与活力的管理机制,营造一个良好的事业发展环境。

6.1　深化人事制度改革

以公益型事业单位改革为契机,按照增加投入、转换机制、增强活力、改善服务的方针,推进图书馆深化人事、收入分配和社会保障制度改革。健全绩效考核评价体系,深化内部机制改革。

6.2　完善岗位管理

按照因需设岗,分级管理,择优聘用,强化考核,同岗同酬的原则,规范岗位管理,实现身份管理向岗位管理的转变,实现岗位管理与薪酬管理、绩效管理的有机结合。

6.3　理顺业务流程

根据事业发展的需要,对现有业务流程与组织架构进行优化,建立适应新馆和未来发展需要的组织架构,实现数字图书馆建设与图书馆传统业务的有机结合。

6.4　加强队伍建设

优化干部队伍知识结构、职称结构、学历结构、年龄结构、性别结构,通过引进、公开考试等方式,建设一支适应新馆建设的职工队伍。

6.5　加大培训力度

以新馆建设为契机,开展学习型图书馆建设,充分调动工作人员的积极性和团队精神,把图书馆打造成为一个有活力的组织和高效运行的单位。

6.6　推进后勤服务的社会化管理

引入市场机制管理购书中心、读者餐厅。探讨多种用工方式,创新社会化用工模式。扩大部分业务工作的外包,加强外包工作管理。

6.7　成立辽宁省图书馆理事会

吸收社会知名人士、专家学者等担任理事,参与图书馆管理和运营,提高运行效率。

6.8　引入志愿者服务机制

吸收专家学者、在校大学生等,在图书馆的咨询、讲座、培训、阅读等工作中,开展志愿服务活动。

6.9　建立与新馆功能相配套的图书馆规章制度

根据新馆服务功能的建立、文献资源的调整、自动化管理手段的提升等,制定各项规章制度,提高管理工作水平。

新馆建设为辽宁省图书馆事业的发展提供了新的历史机遇,目前,我们正在推进新馆的布展工程和信息化建设等工程,力争于 2014 年 10 月开始分层次对外开放。抓住新馆建设的东风,开拓进取,锐意创新,全面提升办馆水平和服务功能,努力推动辽宁省图书馆事业取得新的发展,是我们义不容辞的职责和历史使命。

以新馆建设为东风推动辽宁省图书馆服务理念和管理方式的创新

公共图书馆新馆建设中的全新定位和启示
——以吉林省图书馆为例

宋　艳

The New Position and Enlightenment of
New Building Construction of Public Library
—A Case Study of Jilin Provincial Library

Song Yan

摘要：新馆建设是公共图书馆的重大发展机遇，公共图书馆应该依托新馆建设，完善功能定位，将公共图书馆事业推向新的高峰。本文主要介绍吉林省图书馆在新馆建设中的全新定位和启示。

关键词：新馆建设，公共图书馆，定位，启示

Abstract：Construction of new library is a significant opportunity for public library development. Public library should rely on the new library construction and perfect the functional localization, promoting the library development to a new peak. This paper mainly introduces the new position and enlightenment of new building construction of Jilin Provincial Library.

Keywords：Construction of new library, public library, position, enlightenment

1　引言

公共图书馆作为知识与信息的聚集地，承担着传承文明、传播文化教育的社会功能，起到保障公民文化权利、缩小社会信息鸿沟的作用，在整个公共文化服务体系建设中，发挥着极其重要的作用。作为省级公共图书馆，同时也代表着一个省的文化形象，其服务水平与整体形象直接关系着本省的进步与发展。目前，我国正处于文化事业大发展、大繁荣时期，各级政府都在大力发展文化事业，公共图书馆也迎来了发展的新高峰。

2　吉林省图书馆新馆的全新定位

吉林省图书馆新馆即将投入使用，新馆位于长春市政府以北、南环城路以南，人民大街以西，占地面积4.47公顷，建筑面积53 713平方米，建筑总高度28.50米（分为地下1层，地上5层），设计使用年限100年。新馆建设装饰风格"大气、简约、活力"，突出

宋艳，吉林省图书馆副馆长，副研究馆员。Email：songyan6165@sohu.com

吉林省地域文化和艺术特色与氛围,蕴涵长白山文化、多民族文化以及优势产业文化,体现了吉林省图书馆独特的审美与品位。

吉林省图书馆新馆在建筑规模、软硬件设施上跻身国内公共图书馆前列,然而,图书馆仅仅依靠一座规模庞大的建筑还远远不能发挥其实际功能。如何让新馆各项设计更加人性化,让空间能够充分利用,为读者提供舒适的阅读环境,才是我们追求的真正目标。

2.1　吉林省图书馆设计理念的人性化

根据吉林省委、省政府对吉林省图书馆新馆项目提出的"打造成吉林省地标性建筑的文化惠民工程"的要求,文化厅党组从新馆建筑的设计、功能、使用等角度对新馆建设提出了"三化、四中心、五统一"的建设方针。"三化"是设计方面要求设施重点突出智能化、细节真正体现人性化、运行充分考虑环保化;"四中心"是功能方面要使新馆成为吉林省公众的文化中心、学习中心、交流中心、休闲中心;"五统一"是从具体使用层面出发,让新馆能够把充实传统纸制文献阅读功能与拓展数字阅读功能统一起来,把满足读者阅读需求和满足读者休闲需求统一起来,把满足文献收藏功能与满足读者知识和信息需求统一起来,把满足读者普遍性需求与满足读者个性化需求统一起来,把科学运行管理与适度拓展服务范围统一起来。

在设计上,吉林省图书馆改变传统的理念,一进入吉林省图书馆,一楼大厅的休闲空间,二至四层的书墙,高达28.5米的中央天井,无不给人以震撼的感觉。开放式大开间的借阅方式,将大部分空间都留给读者,将借阅区充分集中的同时,在每个阅览室都配备电脑终端,整个大楼都实现无线网覆盖,让读者在享受纸质阅读的同时,随时随地享受数字资源带来的便捷。

在其他配套设施上,吉林省图书馆也全方位考虑读者需求,设立了咖啡厅、商务中心,为读者提供交流和休息场所。针对知识层次较高的高端人群,吉林省图书馆还设置了专家阅览室。另外,一些无障碍设施,如专用卫生间、盲道、专用坡道等,充分体现了吉林省图书馆的人文关怀和对全社会读者提供均等化服务的人性化理念。

公共图书馆新馆建设中的全新定位和启示——以吉林省图书馆为例

图 1　一楼大厅总服务台

图 2　一楼休闲区

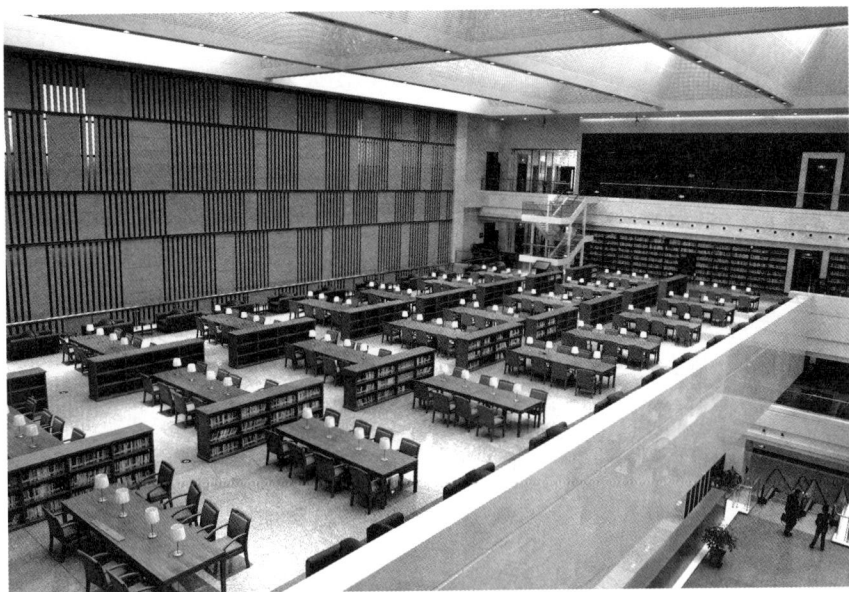

图 3　三楼自修区

　　设计理念的人性化体现在方方面面和每一处细节,只有充分体现读者需求,以读者为出发点去设计,这样的建筑才能称之为完美的建筑。

　　2.2　吉林省图书馆功能定位的亲民化

　　"舒适、温馨、时尚",这是进入吉林省图书馆后的第一感观。如今的吉林省图书馆,已经从传统服务中走了出来,将自身打造成为读者"自己家的书房""家门口的书吧""街角的咖啡馆"。让读者到这里后,能够全身心放松,在享受阅读的同时,享受着快乐的生活。打造"百姓书房"是吉林省图书馆功能的全新定位,也是延伸读者服务的一种方式。

　　2011 年 8 月,吉林省图书馆启动了"百姓书房"推广计划,经过近三年建设,"百姓书房"盛载着种类丰富的书籍,像一颗颗种子,撒播在社会的各个角落,开花结果,长出充实、快乐与希望……

　　打造亲民、惠民性质的"百姓书房",是吉林省图书馆践行"阅读在身边"服务理念,积极拓展创新公共文化服务手段的新举措。结合国内外图书馆先进发展模式和趋势,针对吉林省实际情况,吉林省图书馆把阵地馆拆分为灵活的小书房,主动出击,与社会各界进行合作,把图书馆搬到了百姓身边。

　　截至目前,吉图已在长春市绿园区、新星宇集团、吉林省科技馆、知合

033

动漫集团及多所学校建立了140多家"百姓书房"和"学生书房",共投放图书9万余册。根据不同的条件,书房或简单便捷,或高雅舒适,形成了迷你型、大众型、休闲型、专业型、教育型等多种类型,成为人们休息、思考、阅读、工作、会谈的综合场所和多元化空间。

与传统的分馆相比,"百姓书房"和"学生书房"突出了居民、企业、学校自行管理的特点,减少了图书馆人员设置,同时,加强了后期图书流转,使图书更新周期加快。转变图书馆的传统职能,使其服务延伸到每一个人,形成一种具有一定开放性的阅读系统,在这个系统中,图书馆承载着实现和保障公民基本阅读权利、加大社会信息流通的神圣使命,而"书房"建设就是吉林省图书馆在这方面进行的积极探索。

吉林省图书馆新馆建筑,仍然是秉承"书房"的概念,将整个大楼建设成为读者的"大书房",让读者到这里之后,有一种回家的感觉,能够真正静下心来,细细品读,感受人生。

2.3　吉林省图书馆办馆理念的创新化

"读者第一,服务至上"一直是吉林省图书馆提倡的办馆理念,为读者服务是图书馆人的终极目标,也是立馆之根本。然而,随着科技的不断发展,数字化程度的不断提高,图书馆在服务宗旨上也应该有所升华,服务高度应该有所提升,在服务大众的基础上,增加个性化服务,突出公共图书馆在公共文化服务体系建设中的重要作用。

吉林省图书馆以新馆为契机,确立了全新的办馆理念,力争将吉林省图书馆打造成为"思想的高地、百姓的领地、服务的圣地"。"三地理念"是吉林省图书馆经过深思熟虑,结合新形势下公共图书馆的发展趋势而提出的有利于规范员工行为,提升服务水平,完善服务体系的新理念。"三地理念"的提出,确立了吉林省图书馆的发展目标和服务方向,对于引领吉林省图书馆工作具有重大意义。

2.3.1　思想的高地

吉林省图书馆作为拥有悠久文化历史的百年老馆,可以借助新馆的契机,发挥自身的文化优势,吸引社会上的知识精英、政治精英、财富精英走进图书馆,探讨学术,交流思想,让图书馆从传统中走出来,成为社会发展的智库。

2.3.2　百姓的领地

随着图书馆事业的不断发展,图书馆已经成为人们除了单位、家庭之外的第三空间,已经融入百姓的生活。吉林省图书馆新馆家庭式"大书房"概念,将最大和最好的空间和资源尽可能地提供给读者,让百姓成为图书馆的主人。

2.3.3　服务的圣地

图书馆的宗旨是服务于大众。服务是基础,图书馆无论如何发展,基础服务不能丢,不但不能丢,还要不断地完善,不断地创新,争取为读者提供更优质的服务。吉林省图书馆一直以来将为读者提供服务作为一切工作的核心,将不断提高服务质量作为追求的目标。多年来,吉林省图书馆在硬件条件上不断改善,在软件建设上不断更新,最终目的都是为了服务读者。在新馆建设上,吉林省图书馆在读者使用的软硬件设备上一直选用最合适读者的,让读者享受舒适的阅读环境。

吉林省图书馆提出的"三地理念",有其深厚的文化底蕴和历史背景,是符合时代要求的全新理念,对于整个吉林省的公共图书馆都有着示范和指导作用。

2.4　吉林省图书馆服务手段的规范化

吉林省图书馆在改善服务环境,创新服务方式的同时,也注重服务手段的规范化。吉林省图书馆将 2014 年作为管理年,依托新馆建立系统的规章制度,并加强员工培训,让每个人都能够尽快适应新馆工作。同时,为凝聚吉图精神,打造精英团队,吉林省图书馆开展了团队文化建设,统一标识、统一着装,逐步确立属于吉图自己的文化标志,从内到外塑造吉图新形象,让吉林省图书馆拥有一支充满活力、积极向上的团队。

3　吉林省图书馆新馆建设过程中的几点启示

3.1　要以百折不挠的精神和执着的意志来解决大型公共文化建设项目的"开花"和"结果"问题。

吉林省图书馆老馆于 20 世纪 50 年代末(1957—1960)建成并投入使用,馆舍面积为 1.3 万平方米。自 20 世纪 90 年代开始,老馆馆舍在面积、阅读条件以及结构布局等方面都严重限制各项业务的开展,成为掣肘事业发展的主要因素。

1998 年开始,省委、省政府将图书馆馆舍建设提上议事日程,但因财力问题,一直悬而未决。通过文化厅领导及图书馆人的不懈努力,2004 年省图书馆馆舍改扩建工程项目被列入吉林省"十一五"发展规划中,并于2006 年年底获得吉林省发改委的立项批复,同意在原址新建。2007 年 7月,因长春市人大将省图书馆老馆馆舍列入了"长春市第一批历史建筑保护名录"之中,原方案立项无法实施,已经完成了可行性研究报告编制的新馆建设工作停滞。省图新馆建设等于是"开花"了,却没有"结果"。

从 2008 年开始,在新一届文化厅党组和厅长的不懈努力、积极推进下,省政府同意省图书馆进行异地新建,省图新馆建设工作又重新踏上征程。

2009 年 9 月获得省发改委的新立项批复,当月底新馆建设工程项目奠基,并于 2010 年 7 月获准提前开工。经过三年多的建设,2013 年年底建成并交付使用。

在此过程中,有很多工作在做完之后,因种种原因,又得从头再来,反复多次。一件事情可能刚刚走进无法解决的死胡同,却又因为某个原因柳暗花明,可谓百转千回。因此如果没有一种执着的精神,图书馆新馆建设也许就成了空话。

3.2　要明确工程项目资金的投入来源,以充裕的资金解决项目如何顺利推进的问题。

工程建设不首先解决资金来源问题,贸然推进,会后患无穷。吉图新馆建设工作筹备阶段用了将近 5 年,究其原因,有旧馆舍被列入保护建筑等突发事件因素的干扰,但最主要原因还是资金来源的制约。2004 至2008 年,虽然省、市政府都很重视,但一直没有明确的资金投入来源。直到2009 年 4 月 14 日的省政府专题会议上,才明确"设计、建设、装修和设备费用由省里承担"。

所以,公建项目的筹备工作,特别是文化基础设施建设项目,省、市政府的支持很重要,同时资金投入来源的明确性更重要,决定各个筹备事项的进度甚至是整个工程的成败。

建设资金的使用,对一个工程至关重要。吉图新馆在建设资金筹措全部落实的前提下,资金的使用成为工程的关键。在实际建设工作中,前期投入的 2000 万元左右的资金文化厅有自主使用权,而在后来申请的资金使用都由代建机构——省直机关统一建设管理办公室来完成。这样的用款方式极大地提升了办事效率。

3.3　要有顶层设计,实行"融合"的模式,以双方形成共识为切入点,解决政府代建制中简单的交钥匙工程问题。

吉图新馆是省重点建设项目,先后被列入省"十一五"和"十二五"规划。采用的是政府代建方式,即在完成立项申报后工程建设由省政府专门的工程建设管理部门——吉林省省直机关统一建设管理办公室(简称"统建办")进行管理,文化厅指导图书馆在建设过程中负责项目的功能规划,并对工程进度与质量进行监督。

因为这个项目,文化厅的相关领导及工作人员与省统建办的领导及工作人员融合到一处,成立了一个大的工程建设领导小组,文化厅及图书馆的相关人员直接进入领导小组下设的工作组中,这样就形成了交叉融合。现在看,这种方式是有效的,使用方可以直接参与意见,有争论、有讨论,最后形成共识,达到一种互补。文化厅还为这个项目单独成立了推进组,大家各司其职,积极推动,这是在人员参与机制上的一大亮点。一些国内图书馆的负责同志都讲,代建制中的"吉林模式"是比较成功的,达到了双方都满意的效果。

3.4　要突出使用单位在功能规划中的主导地位,以科学合理的诉求和"咬定青山不放松"的精神解决不能以我为主的尴尬,保证功能定位的实现。

省图新馆建设工程中,使用单位在功能规划的主导地位上比较明确,与国内公共图书馆建设的实际情况比较,吉林省图书馆作为使用单位,在建设中对功能规划的主导地位和所拥有的话语权相对充分,这主要得益于文化厅党组在领导建设过程中的支持和努力争取。使用方主导功能规划的重要性在吉图新馆建设中主要体现在三个方面:一是外立面单独设计,以很小的投入获得更好的使用效果;二是坚持增加弱电项目建设资金投入,为将来图书馆数字化建设提供了更现代的服务平台;三是装修方案的形成,装饰装修设计工作以及实际装饰装修效果获得广泛认可,主要得益于厅党组对装修装饰工程从招标方式到设计理念的全面规划和使用单位群众广泛的参与。

4　结语

吉林省图书馆新馆无论在地理位置、建筑总面积，还是设计理念、功能区划等方面都进入了国内先进公共图书馆行列。新馆的建成，使多年来困扰、限制吉林省图书馆事业发展的馆舍问题得到解决，并为未来事业的发展提供了一个良好的平台。吉林省图书馆人将充分利用这个平台，以全新的定位为广大读者提供更加优质、更加完备、更加上水平的服务。

济南市图书馆新馆建设服务理念的定位与实践

郭秀海　　王秀亮

Location and Practices of Service Conception of the Construction of the New Building of Jinan Library

Guo Xiuhai　　Wang Xiuliang

摘要：济南市图书馆新馆是济南市推出的"十艺节"重点文化项目,在建筑设计上与群艺馆、美术馆三位一体,堪称济南名泉文化与现代科技有机结合的标志性建筑艺术精品。为保障人民群众均等共享的文化权益,济南市图书馆在新馆装修、布局设计等方面进行了大量有益的尝试和探索,力求实现"现代图书馆,市民大学堂"的功能定位。新馆是一座生态型、智慧型图书馆,实行开放式管理、一站式服务;新馆依托新技术,为读者提供全方位服务,并实现了全面的自助服务;新馆是一座数字化图书馆,同时也是全市的惠民服务新中心。

关键词：济南市图书馆,新馆建设,服务理念

Abstract：The new building of Jinan Library is a key cultural project of "the 10th China Arts Festival" launched by Jinan. The architecture design combined the function of library, mass art centre and gallery, which is a landmark of the city with perfect connection of Jinan spring culture and modern technology. In order to guarantee people's equal rights of accessing culture materials, Jinan Library has made extensive attempts and explorations in the new building's decoration, space layout and functional division etc, striving to achieve the library function orientation of "modern library, public school". The new library is an ecological, intelligent library, with open management and one-stop services, which provides an omni-directional service for readers, and has realized general self-service relying on the new technology. It is a digital library, and a new service center which will benefit all people in the city.

Keywords：Jinan Library, new library building construction, service concept

文化是民族的血脉,是人民的精神家园。构建现代公共文化服务体系,促进基本公共文化服务标准化、均等化,让人民群众普享文化幸福,是十八届三中全会的基本精神和核心要义之一。

济南市图书馆新馆作为该市推出的"十艺节"重点文化项目之一,自2013年10月11日开馆以来,以全新的服务形象,先进的服务理念,一流的服务设施,为读者和市民带来强烈的视觉冲击、崭新的阅读体验和更多的服务便利。每日前来参观考察和读书学习的人络绎不绝,成为济南西部新城最亮丽的一道风景线。半年时间,新馆已办理新版借书证4.2万余张,接待全国各地参观考察和学习交流的团队227批,读者近56万人次,在为泉城市民奉上一份满意答卷的同时,也成为市民心仪的知识圣殿。

1　文化新高地,泉城新地标

山东省会城市济南,是一座有着深厚底蕴的国家级历史文化名城。但市图书馆作为衡量省会城市文明程度的重要标志之一,虽常年坚持"以人为本"的服务和管理,不断开拓进取,创新发展,率先在全省推出"零门槛"服务、流动图书馆、RFID图书智能管理、24小时自助图书馆等服务新举措,成功打造出"书香泉城"全民阅读节、"天下泉城"大讲堂等优质

郭秀海,济南市图书馆馆长,研究馆员。Email:gxh516@163.com

王秀亮,济南市图书馆,副研究馆员。

服务品牌,在全民阅读推广、总分馆制建设等方面成效显著,并获得全国文化系统先进集体、全民阅读基地、省级文明单位等多项荣誉,但由于在馆舍面积、设施配备等方面先天不足,其"软件不软,硬件不硬"的局面一直未能得到实质性改善,整体服务能力严重不足,已远远跟不上济南城市发展和人民群众日益增长的文化需要。

"十艺节"的承办,在全省引发了新一轮文化建设高潮,为济南市图书馆带来了前所未有的发展机遇。机遇面前,市图书馆及时跟进,乘势而上,积极寻求领导和政府支持,同时就新馆建设相关问题进行了科学、系统的研究、考察和论证,提前为新馆建设做准备。

2010 年,在省市两级党委、政府的密切关注支持下,包括三馆(图书馆、美术馆、群众艺术馆)在内的省会文化艺术中心建设项目正式立项。2011年 9 月 23 日,省会文化艺术中心三馆项目奠基,其中市图书馆新馆建筑面积 40 593 平方米,项目总投资 6 亿元。

图 1　济南市图书馆新馆外景

新馆由法国 AS 公司主持设计,与群艺馆、美术馆三位一体,形成济南市新建规模最大的文化设施集群。在建筑设计上以"佛山倒影"和"泺蕴泉涌"为理念,建筑形体高低起伏,体现了泉水涌动和文化的灵动之势;建筑立面效果取自济南泉水掩映,微波浮动的画面,立面表皮则通过投影、像素化的科技手段将趵突泉映像融入其中,堪称济南名泉文化与现代科技有机结合的标志性建筑艺术精品。

新馆位于济南西部新城核心区,腊山河东岸,距济南西客站约2公里。西部新城号称"齐鲁新门户、泉城新商埠、城市新中心",其核心片区作为济南"西进"战略的桥头堡,又集中了西部新城建设三大中心项目——文化中心、会展中心和商务中心,地理位置十分优越。新馆落户于此,将迅速插上腾飞的翅膀,成为济南文化建设的新高地,城市发展的新地标,在西部新城乃至整个济南地区政治、经济、文化和社会发展中发挥积极的推动作用。

2　现代图书馆,市民大学堂

创建居民身边的图书馆,为所有公民提供平等、免费、无区分服务,是现代图书馆的核心理念。为切实保障人民群众均等共享的文化权益,让每一位市民都能充分享受到新馆带来的服务便利,济南市图书馆在充分吸收兄弟馆先进经验的基础上,在新馆内部装修、空间布局、功能区划、设施配备和服务项目提供等方面进行了大量有益的尝试和探索,力求实现"现代图书馆,市民大学堂"的功能定位,为民众提供一个整洁、美观、安静、优雅的读书环境。

2.1　生态图书馆,智慧图书馆

新馆内部装修设计以节能环保、经济适用为原则,适当融入阅读和地方文化元素,力争将新馆打造成生态型、智慧型图书馆。其内部装修设计在遵循国家有关设计规范和标准的前提下,尽量采用环保、节能、防滑、耐磨的新材料和新工艺,室内装修使用浅淡的暖色调,并注意做好采光、通风、保温、防火、防尘、防噪等防护性措施,以增加读者用户的舒适感和安全感;进出口通道、洗手间等全部采用无障碍设计,为残疾人读者进出和利用图书馆提供人性化服务;墙面饰以名人读书箴言和具有地方特色的文化艺术装饰,如欧阳中石的《泉城颂》、赵孟頫的《鹊华秋色图》等,将阅读文化和泉城文化有机整合在一起,不但营造出高雅、精致、明快、智慧的文化氛围,对读者产生积极的砥砺作用,同时又有利于增强市民对泉城文化的认同感和自豪感。其中长18米,高7米的高仿名画《鹊华秋色图》大气磅礴,生机盎然,堪称新馆一大亮点,彰显了济南历史文化名城的丰厚底蕴和源远流长的历史文脉。

2.2　开放式管理,一站式服务

新馆建筑主要由中部 5 层通高空间及其南北两侧的阅览空间组成,东西两侧仿木质感的书墙和 600 座席报告厅是其一大亮点,中庭屋顶天窗给整个空间带来充足的采光。为便于开放式管理,一站式服务,为读者创造全新的家居式阅读体验,新馆在空间布局和功能区划上采用大空间、大布局、大流通的布局体制和布局模式,面积较大的借阅服务区全部用书架或家具进行"软隔离",充分体现了"平民图书馆,市民大书房"的开放式服务和管理理念。读者通过首层北侧的门禁可自由穿梭于各服务区,迅速便捷地获取纸质文献、电子文献、声像文献"三合一",藏(馆藏)、阅(阅览)、借(外借)、参(参考咨询)"四合一"的"一站式"服务,也可通过一层或南北侧的下沉式广场自由出入报告厅、展览厅等活动场所,轻松享受图书馆提供的讲座、展览、报告会及各种文化娱乐休闲服务。

2.3　依托新技术,全方位服务

新馆总高度 34.3 米,地下一层,地上五层,总藏量 260 万册(件),阅览座席 2200 个。新馆开放后,具备 100 万册的文献规模,日接待能力 5000—8000 人次。新馆设施配备和服务项目设置中,引进多项高端服务设施,将人性化服务推送到新馆每一个角落,为读者带来全新的阅读体验。分布在各楼层的书目检索机、自助借还机、客户终端和上网、下载等多项免费服务,均实行"一站式"服务。这种形似"超市"的服务模式让读者拥有最大的自由度,只要一卡在手,便可坐拥书城,尽享书香。新馆主要设施配备和服务功能如下:

一层主要由主入口门厅、总服务台、儿童借阅区、报刊阅览区等构成。其中主入口门厅 1200 平方米,是新馆视觉中心和读者集散休闲中心,厅中最引人注目的是东侧墙面 4 层楼高的 7 层"书墙",以木质隔断,可摆放 7 万册图书。书墙两侧有楼梯相连,寓意"书籍是人类进步的阶梯",读者可从各楼层取书阅读;儿童借阅区藏书 5 万册,期刊 540 种;报刊阅览区配置报纸 100 余种,期刊 800 余种,电子读报机、视障人阅读机各 20 台;一层北侧设有数字阅读区,配置微机 64 台,检索机 5 台,触摸式资源展示屏 4 台,电子读报机 4 台,虚拟翻书机 2 台以及自助办证机 4 台。

图 2　图书墙

　　二层为自然科学、社会科学借阅区,藏量约 45 万册,内设检索机 12 台,自助借还机 16 台;三层为自然科学、社会科学阅览区,藏量约 35 万册,内设检索机 12 台,阅览座席 350 个;二、三层挑空周边设阅览座席 260 个,东侧为读者休息区,设电视机。

图 3　二楼外借区

四层主要设读者自习区,阅览座席 1000 个;电子阅览室,配电脑 30 台;声像资料欣赏区,座席 20 个,配置 CD 文献与耳机;新技术展示区,如移动阅读、触摸屏资源展示、电子书下载等。

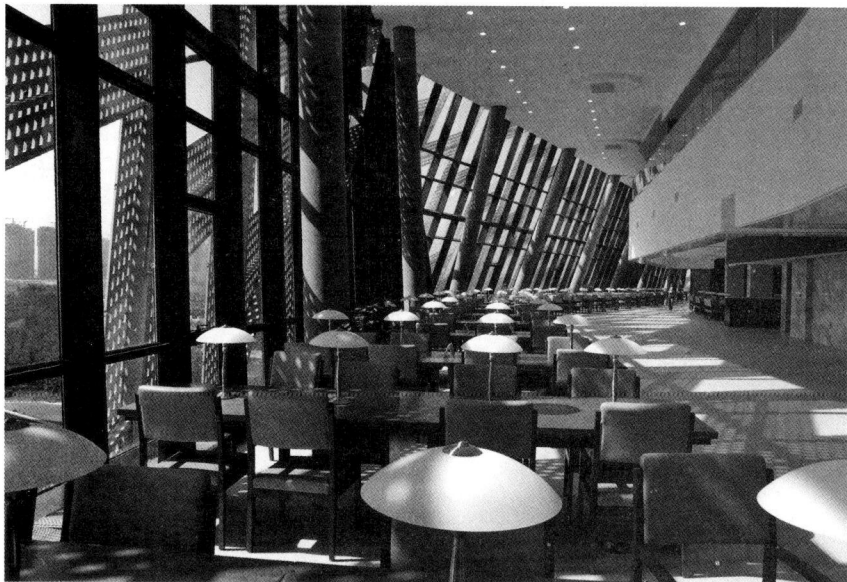

图 4　读者自习区

五层为高端读者服务区,设有古籍书库、古籍地方文献阅览室和 4 个专题研究室。阅览室内将放置特殊展柜 20 多个,分批展示市图书馆的一些镇馆之宝。

地下一层除办公区外,设 1635 平方米展厅,580 座大报告厅,160 座小报告厅,并配有贵宾接待室、培训教室、读者餐厅、咖啡屋、茶吧、图书漂流等,是读者在紧张的读书学习之余,选择放松、休闲的好去处。

另外,在一楼东南侧,设 24 小时自助图书馆一处,读者在开、闭馆期间均可自由进出,自助完成办证、查询、借还图书等服务。

3　数字图书馆,惠民新中心

3.1　数字化生存,全媒体服务

科技发展日新月异,数字化、网络化、信息化发展的大潮,正以一种前所未有的力量,迅速改变着人类社会的生产和生活方式,给人类带来崭新的生存体验——数字化生存。市图书馆顺应这一变化,将数字图书馆作为

新馆建设的重中之重,大力加强新馆的数字化、网络化、信息化建设。

为推进数字图书馆建设,市图书馆争取专项资金 1400 余万元,引进 100T 大容量磁盘存储器、万兆三层核心交换机和千层交换机等设施,建立了万兆光纤主干千兆到桌面的网络系统和服务器集群系统(济南市公共图书馆云中心),并以此为依托建立了 RFID 自助借还系统、电子阅览室系统、无线上网系统、信息资源展示使用系统、全市一卡通系统、共享工程服务平台、数字音乐图书馆等多种服务新平台。

以上述平台为依托,新馆实现了全面自助服务,开放借阅文献达 100 余万册(件),同时升级读者借阅权限至 10 册,成为国内面向读者开放度最高的图书馆之一;实现了无线网络全覆盖,建立了全市公共图书馆虚拟网,并加入了国家数字图书馆虚拟网;对纸质文献、电子资源和网络资源进行深度加工和多维整合,构建了体系化、特色化的知识资源库群,提高了数字资源的可获取度;开通了书香泉城数字阅读平台,读者可以在济南任何地区免费阅读 65 万种电子书、300 多种电子报、1000 多种年鉴、2000 多种工具书及济南名泉、济南记忆等自建特色资源;借助移动通讯、广播电视、互联网及 VPN 等现代网络技术,建立了全市联合编目系统,形成了覆盖全市的数字图书馆服务网络,促进了全市数字图书馆系统间资源与服务的共建与共享。

依托新平台,新馆还将以海量信息资源为根本,综合运用各种现代技术,积极拓展网上阅读、信息发布、联机检索、网上借书、资源点播、信息定制和推送等多种形式的网上信息服务;推进图书馆智能化,实现高效精确的典藏管理与服务,为手机用户开辟查找馆藏资料的新捷径;加强门户网站建设,建立绿色网络,实现网站与自动化管理系统的无缝链接;综合运用报纸、杂志、广播、电视、音像、网路、电信、卫星通信等各类传播工具,用文字、声音、影像、动画、网页等形式,为市民提供全媒体服务。

3.2　惠民新中心,服务一卡通

新馆建成开通后,已正式取代旧馆成为全市的文献信息中心和惠民服务中心。为充分发挥其核心和枢纽作用,市图书馆将按照结构合理、发展平衡、网络健全、运行有效、惠及全民的原则和公益性、基本性、均等性、便利性要求,在巩固和加强分馆、流动站、共享工程基层服务点、汽车图书馆、24 小时自助图书馆建设的同时,继续在城域范围内推行总分馆制,健全和完善以市馆为总馆,少年儿童图书馆、各县市区图书馆、社区和企业分馆、汽车图书馆、24小时自助图书馆构成的总分馆体系,全面提升图书馆的公共文化服务能力;在加强业务管理自动化、网络化和共享工程平台建设的同时,进一步优化整合全市的文献信息资源,建立城域性文献资源保障体系,并以此将总馆与分馆黏合成一个相互融通的,资源高度共享的紧密型图书馆共同体,让市民群众享受到更多的服务便利;在总馆与分馆之间开通图书借阅"一卡通"服务,总、分馆之间通借通还,并使用统一的借阅证,提供统一的管理软件、服务平台和检索入口。读者只要在总馆或任意一个分馆办理了借阅证,就能轻松获取总分馆体系内所有成员馆提供的各种基本性公益服务。

新馆落成开放,意味着市图书馆在历经六十年风雨之后,一举实现了建馆以来最华丽的一次转身和蜕变,成为开放型、多功能,国内一流、世界先进的现代化图书馆,并顺利跻身国家一级图书馆,由此开启一段全新的历史积淀与文化传承。市图书馆将以此为契机,深入贯彻落实十八届三中全会精神,努力将新馆打造成全市的文献信息保障中心、全民阅读推广中心、数字图书馆服务中心和文化惠民服务中心,并以一流的设施、一流的服务和管理,为市民提供优质、高效、便捷的图书馆服务;在全面提升自身服务功能的同时,尽快筹建图书馆理事会,吸纳社会各界人士参与管理,以促进基本公共文化服务标准化、均等化,推动图书馆服务与群众文化需求的有效对接;积极为包括老年人、未成年人、残疾人等各类特殊群体在内的所有人提供书刊借阅、讲座展览、文化培训、音乐欣赏等多元化服务,真正成为泉城济南的"文化新地标,市民大学堂",让文化惠民成果覆盖所有人,并进而为建设书香泉城,促进济南市文化繁荣发展做出新的更大贡献。

新网络信息环境下的城市图书馆建筑
——沧州图书馆新馆建设案例解析

宋兆凯

City Library Buildings Under the New Internet Information Environment
—A Case Study of Cangzhou Library Construction

Song Zhaokai

摘要：新网络信息环境下，读者的阅读方式和阅读需求呈多元化方向发展，城市图书馆建筑空间规模、功能和人文环境都需创新求变，提升拓展，沧州市图书馆新馆的规划设计建设中重视建筑的空间规模、形制与使用面积的充分利用，关注功能变化与拓展，强化阅读环境的营造和人文环境的提升拓展，精雕细琢，打造图书馆成为城市的靓丽厅堂、市民的温馨书房，读者的悦读家园。

关键词：城市图书馆建筑，功能，阅读环境，人文环境

Abstract：Under the new internet information environment, readers' reading pattern and reading demand present a diversified tendency. The building space, building function and cultural environment all need to be extended and improved. The design and construction of Cangzhou Library attached great importance to the building space, shape of the area and full use of the space, focusing on the building's functional change and extension, strengthening the cultural environment, aiming to be the citizens' warm study room and city's beautiful hall.

Keywords：city library construction, function, reading environment, cultural environment

1　引言

党的十六大以来，中央从更好地满足人民群众的精神文化需要出发，大力发展公共文化事业，积极推进公共文化服务体系建设科学发展上水平。文化部会同国家发改委、住房和城乡建设部、国土资源部相继颁布了《公共图书馆建设用地指标》和《公共图书馆建设标准》，全国各地以图书馆等为代表的公共文化服务平台建设列上党委和政府的重要议事日程，各级各类图书馆新馆建设掀起新一轮高潮。沧州市图书馆新馆正是在这一契机和河北省实施"三年大变样，推进城市化进程"活动中，在沧州市委、市政府大力发展沧州中心城市经济，完善城市功能的科学决策实施中催生出来的。并适应新网络信息环境对城市图书馆建筑、功能、阅读与人文环境、网络设备、移动阅读平台等方面的需求，在方案设计、功能拓展、内部装饰、借阅设备、自动化系统、弱电网络系统建设等方面做了有益的探索，取得了巨大的成功，受到各级领导、专家学者、图书馆界同仁和广大市民的一致赞扬与好评，真正实现了建设沧州城市靓丽厅堂、市民温馨书房，读者悦读家园的规划设计目标。

宋兆凯，沧州市图书馆馆长、党委书记，研究馆员。Email：13932784687@163.com

2　城市图书馆的职能定位决定城市图书馆建筑设计理念、规范和建设标准的实施

城市图书馆一般来讲主要是指公共图书馆。公共图书馆是由国家或地方政府兴办的,对知识信息的物质载体进行收集选择、积累加工、整理储存、控制转化、传递和提供社会使用的文化教育、信息传播和知识咨询的公益性服务机构,履行政府公共文化服务职能,担负着保存人类文化遗产(纸质与数字文献),传播科学文化知识,开展社会教育培训(文献资源获取方法、终身学习技能、思想道德和综合素质教育),传递科学情报信息(馆藏纸质数字文献与计算机网络利用),开发人力和文献信息等智力资源(馆藏信息资源加工整理利用、馆外资源搜集为虚拟馆藏、馆藏文献数字化、通过网络实现资源共享),举办丰富多彩阅读活动,引导大众阅读的方向和品位,丰富人民群众的精神文化生活,培养人民群众高尚的生活情趣,为政治、经济、文化和社会全面发展提供精神动力、智力支持和信息支撑的重要任务。是一个城市和地方的文献信息服务、社会信息咨询、图书馆学研究、社会教育培训、区域社会活动、全民阅读活动推广和文化休闲的中心。

联合国教科文组织《公共图书馆宣言》(1994)郑重声明:公共图书馆作为各地通向知识的门径,为个人和社会群体提供了终生学习、独立决策和文化发展的基本条件,公共图书馆是教育、文化和信息的有生力量,是透过人们的心灵促进和平和精神幸福的基本力量。是地方的信息中心,用户可以随时得到各种知识和信息。公共图书馆在人人享有平等利用权力的基础上,不分年龄、种族、性别、宗教信仰、国籍、语言和社会地位向所有人提供服务,并在国家和地方政府的支持下免费开展服务……

公共图书馆是人类文明传播的圣地,在这里不仅积淀着一个民族和国家的文明成果,还蕴含着国家乃至民族的走向和未来的可持续发展的文化基因。在知识经济时代,文化日益成为国家强大经济实力的组成部分。公共图书馆的可持续发展也已成为社会可持续发展不可分割的组成部分。公共图书馆服务在推动社会发展与进步中发挥着极为重要的作用,其服务的好坏,在一定程度上直接影响着人民群众整体素质的提高、人民大众生活质量的提升以及经济文化与社会的繁荣发展。公共图书馆职能的科学定位为城市图书馆建设与发展提供了规划原则与设计依据,城市图书馆建

筑首先要满足其功能的需求,然后才是建筑方案设计优化和亮点呈现。图书馆是为全社会提供人与人、人与文献信息直接交流的自由空间。在这里,每个人都可以随心所欲地畅游于知识的海洋,获取灵感,汲取动力。因此,图书馆建设应重点关注以下几点:

一是城市图书馆建筑功能总体布局应遵循以读者服务为中心,与图书馆的管理方式和服务手段相适应,做到分区明确、布局合理、流线通畅、安全节能、朝向通风良好。少年儿童阅览区应与成人阅览区分开,宜设置单独的出入口,有条件的可设室外少年儿童活动场地。视障阅览室宜设在图书馆本体建筑与社会公共通道之间的平行层。

二是图书馆的建筑造型应有地域文化印记,要将传统建筑风格与现代建筑风格有机结合,建筑主体应独立,不与其他建筑相交集,外装的材料要大气、美观、经久耐用,要使建筑主体成为城市建筑的经典和靓丽名片,让人景仰、敬畏。

三是建筑功能要完备,要适应经济社会快速发展的需求,从建筑空间规模、综合使用功能等方面预留 30 ~ 50 年的发展空间。要在传统图书馆文献收藏存储、借阅查询、信息开发利用、社会教育培训、全民阅读推广等功能基础上,开辟相应的空间,引入互联网查阅、数字文献存储查阅、网络信息导航、图书馆移动阅读(短信、彩信、网站、App、微信、无线网络等服务模式)、音频视频文献阅读欣赏、阅读活动推广、文化休闲、餐饮、商务洽谈、社团交流等功能,同时省、市、县公共图书馆还要关注地方历史文化名人、典籍、名城、名镇及特色民俗文化等专题文献馆(室)功能的设计与建造。努力发掘利用和传承地方优秀历史文化,为地方经济、社会与文化的协调发展添砖加瓦。

四是内部设计既要满足总体分区与使用功能的需要,又要关注整体空间的协调,无论是砖混结构,还是钢架结构,中庭和阳光大厅高度应不低于16 米,环廊和 300 平方米以上的服务空间高度吊顶后净高度应不低于 3.8米。环廊及 1000 平方米以上服务空间地面应用大理石、面砖或硬质木地板铺装,墙面、柱子宜用大理石、面砖、木质板材或其他硬质板材装饰,尽量勿用石膏板或沙子灰墙,这样会彰显馆舍大气辉煌的知识殿堂氛围。

五是设施设备的配置要适应图书馆人流大,用馆时间长的特点,水电暖系统、空调系统、弱电系统、消防监控系统、会议系统、灯光音响、摄录设

049

新网络信息环境下的城市图书馆建筑——沧州图书馆新馆建设案例解析

备、电梯系统、自动化管理系统、自助借阅系统、文献典藏借阅设备、LED屏、电子屏、读报机等设施设备要高端精密、经久耐用,确保长时间安全运行。

六是关注阅读环境和人文环境的美化与提升。现代化的城市图书馆应当是一座充满智慧与灵感的知识殿堂,是一座展现城市特色与魅力的靓丽厅堂,更是一座市民流连悦读的温馨书房和进行社会交流与文化休闲的生活空间。因此,城市图书馆内部功能厅室装饰要植入文化知识元素,要有艺术品位,要有导引阅读的功能,装饰风格要温馨简洁、典雅大方,门、服务台、书架、报刊架、阅览座椅要高端上档次,颜色要以明亮的暖色为主,造型要适合书报刊阅读和不同年龄段读者的阅读需求,板材和做工要质量好、经久耐用。馆内各种软装饰要体现以人为本的服务理念,注重细节安排,关注小资情调设计,植入经典文化知识元素,营造明亮、静谧、温馨、高品位、高档次的知识阅读查询、信息传递导航、读者活动与思想交流、文化艺术休闲鉴赏、社会教育与兴趣培养的公共文化空间。

3　新网络信息环境下,读者的阅读方式和需求对城市图书馆建筑功能的影响

随着网络信息技术的飞速发展,数字化浪潮席卷全社会,读者的阅读方式、阅读载体也呈现了前所未有的多元化的改变,阅读时间、空间无限延伸,除了传统的纸质文献、音频、视频等阅读载体外,以互联网、移动互联网、计算机、手机、手持阅读器为载体的数字化电子媒介阅读更是受到众多读者的青睐,读物形态也实现了纸质资源向电子资源的过渡,移动阅读因其可以突破时空限制、随时随地阅读的特点而成为当前炙手可热的阅读方式。"微时代"下网络浅阅读对传统纸质阅读造成了较大冲击,一般来讲,"微时代的阅读"本质上并不是一种"阅读",而是一种"观看",要保证阅读的品质还有赖于深阅读。在碎片化阅读成为常态的时代背景下,鉴于移动设备具有便携性和与网络互连的特性,读者希望通过移动设备可以随时随地获取信息资讯,阅读行为主要呈现自发性、零散化、片段式等特点。为此,城市图书馆要适应时代的发展,依据读者新的多元化阅读需求进行功能的拓展和提升,逐步从数字化阅读到阅读数据化、从数字化服务到服务数据化、从管理信息化到管理数据化转变。

一是改进馆藏方针和资源建设策略,加快馆藏文献数字化进程,进而向大数据技术(采集产生数据、存储数据、数据传输、数据处理分析技术)迈进,与物联网、云计算、下一代互联网和通信技术等新一代信息技术紧密结合。同时从数字文献供应商手中有计划地购入数字文献和集成商的服务平台,电子书报刊视频、音频、图片等资源入藏的不断完善,"创造数字阅读新境界,提供数字阅读新体验",充分保证图书馆电子资源的可获得性、易用性、内容丰富性以及优异性。

二是搭建馆内无线网络、局域网网络、互联网网络和点读屏、计算机、移动电子书阅读器等阅读平台,保障读者在图书馆阅读并获取各种资源的路径畅通无阻。

三是在图书馆开辟宽敞、温馨、自由、舒适的网络信息资源阅读空间,并使图书馆建筑空间的每一个功能分区都具有网络信息资源的阅读功能。

四是依托无线网络、互联网以及多媒体技术,使读者不受时间、地点和空间限制,通过各种便携移动设备方便灵活地进行图书馆信息查询、浏览、阅读和获取资源内容,建设移动图书馆并通过短信、彩信、网站、App、微信等服务模式开展图书馆移动阅读服务,逐步从基础的大众、个人行为,过渡到基于知识与情感教育的、培育专业精神与素养的交互式社群阅读,直至高端的研究型学术阅读和专业阅读,逐渐使图书馆阅读活动成为一种长效服务机制。

基于以上分析,新网络信息环境下,城市图书馆建筑、功能和人文环境都需要创新、求变、拓展,这种变化不是对传统图书馆建筑理念、设计规范、建设标准和使用功能的否定,而是在传统图书馆基础之上的一种服务模式的创新、功能的拓展和阅读与人文环境的提升。目前社会上流行的一种观点认为,随着互联网的进一步发展,手机等移动阅读设备功能的完备,数字文献资源的普及,数字图书馆将替代以纸质文献为主的传统图书馆,因此,图书馆建设应以数字图书馆为主,弱化纸质文献的入藏、借阅与查询,图书馆建筑规模体量应最大限度地缩小,内部装饰应最大程度简化的认识是极为错误的,会在一定程度上阻碍图书馆事业的进一步发展,图书馆工作者应正确认识并向社会各阶层和政府决策者宣传新网络信息环境下,城市图书馆建筑、功能和人文环境的创新、求变、拓展与提升,使图书馆事业沿着正确科学轨道快速发展,为经济、社会、文化与环境和谐发展助力、添彩。

4　沧州市图书馆新馆建设案例

4.1　项目概况

沧州市图书馆是沧州市唯一的具有基本服务和地区中心图书馆功能的市级综合性公共图书馆,始建于 1956 年,发展到 2009 年,仅为占地6.7亩,建筑面积 2700 平方米的小型公共图书馆。2010 年作为沧州市人民政府投资的省级社会公益事业重点项目——沧州市图书馆新馆开始建设,新馆建筑面积约 32 000 平方米,占地 57 亩,投资 3.6 亿元,设计馆藏图书达到 300 万册,阅览座位达到 2600 个。

图书馆项目由东南大学建筑设计研究院设计,其建筑造型体现人文、自然、城市建筑空间布局与现代时尚风格的有机融合与统一,古朴、典雅、庄重、灵动,彰显沧州独有的厚重历史文化与现代文化风骨,突出了图书馆特有的文化内涵与视觉美感。

图1　沧州图书馆新馆外景

图书馆总高度 24 米,分为半地下层和地上 1—4 层,主要功能空间为图书馆检索服务休闲大厅、展览厅、报告厅、多功能厅、电影厅、书店、咖啡吧、西餐厅、中餐厅、书报刊库、采编中心、设备机房与总控室、少年儿童文献借阅区、少儿科技互动体验区、低幼儿文献借阅区、梦想小剧场与玩具室、少儿电子阅览体验区、少年科技互动体验区、数字图书馆、报刊借阅区、文学艺术文献借阅区、社会科学与自然科学文献借阅区、电子文献借阅室、视障读者服务区、网络信息新技术体验区、音乐图书馆、演播厅、录音棚、非线性编辑室、地方文献及专题文献查阅区,政府公开信息查询区、专家研修室、古籍保护中心、工具书查阅区、专题文献馆(诗经馆、张之洞馆、纪晓岚馆、张岱年哲学馆、沧州作家馆、书画馆、武术馆、杂技馆、运河馆)、24 小时自助借还区,共计 36 个面向读者服务窗口。全馆实现无线网络覆盖,接入网络光纤 250 兆,拥有自助办证机、自助借还机、数字资源展示屏、电子触屏读报器、OPAC 公共检索设备、自助打印复印机、少儿益智游戏机、导航屏、一键式智能阅读机等先进的网络化、智能化设备。2013 年被文化部命名为一级图书馆。

图书馆内部设施先进、功能完备,内外装饰高端、大气、靓丽、温馨、知识化、人性化,集文献收藏、知识传播、信息导航、学术交流、全民阅读推广、文化休闲娱乐、社会教育与兴趣培养、数字化服务、读者自习九大功能于一体,充分满足了全市及外地各类读者和用户对公共图书馆的功能需求。

图书馆项目 2010 年 7 月 2 日举行了隆重奠基仪式,2011 年 11 月 16日开工建设,2013 年 7 月 1 日试运行,2013 年 9 月 28 日正式开馆。作为城市靓丽厅堂、市民温馨书房、读者悦读家园的沧州市图书馆新馆如期试开馆运行,同时推出了全民读书月等 120 余项读书活动,吸引了大批沧州市县及外省市县读者前来参观、读书、休闲,图书馆新馆一时成为市民热议的话题和媒体关注的焦点,截至 2014 年 7 月 20 日共接待到馆读者约 180 余万人次,暑假、双休日及国庆节假期每天到馆读者均超过 1.5 万人次,引起了全社会和全国图书馆界的广泛关注,得到文化部、国家图书馆、省委、省人大、省政协、省文化厅、省图书馆、沧州市委、市人大、市政府、市政协及各部门领导的一致好评,受到全国范围内社会各界专家学者、广大读者的高度赞扬和热烈欢迎,收到了良好的社会效益。沧州市图书馆新馆已经成为全市的文献收藏、知识传播、信息传递、社会教育培训、全民阅读推广、文化资源共享和文化休闲中心,成为沧州市一张靓丽的文化名片和开展党的群众路线教育实践活动的重要平台。在推动全民阅读,建设书香狮城,为沧州经济、文化与社会科学发展提供更大的精神动力、智力支持和信息支撑等方面发挥着极为重要的作用。

4.2　规划原则与方案

坚持实用、经济的标准,合理利用土地,充分提高土地利用率。图书馆

053

建设用地 57 亩,由国家无偿划拨包括馆舍、消防通道、读者集散空间和绿化交往空间。

坚持适当发展、量力而行的原则,建筑规划设计既考虑了经济性,又具有一定的前瞻性,确定以服务人口(定义为常住人口包括城镇户籍人口和暂住人口)为主要依据确定公共图书馆建设规模的原则,并考虑未来 30 年人口增加规模的需求。按沧州全市 720 万人口加上暂住和流动人口以及未来增加人口预测,新馆服务人口将达 1000 万以上,确定建筑面积 3.18 万平方米,设计阅览座位 2600 个,总藏书量 300 万册。

新馆选址位于沧州新城中心区域吉林大道以西,上海路以北,市民服务中心广场以南地块。西距京沪高速铁路沧州西站约 1500 米。四周遍布行政中心、文化教育卫生体育中心、科技研发中心、商贸流通中心、交通枢纽和居住中心,完全符合城市中心、人口密集、交通便利、公交发达、环境较好、相对安静的布局原则。

重视公共图书馆的环境安全建设,室外道路、照明、绿化、消防设施、管线、沟井等室外工程全部统一规划,坐落于文化公园西区,与城市建设有效衔接,并远离易燃易爆、噪声和有害气体、强电磁波干扰等污染源。

按国家要求大、中型图书馆应独立建设。沧州市图书馆新馆为独立立项的建设项目,不与其他建筑相连,充分满足了独立使用的要求。

4.3　功能设计原则与方案

坚持体现以人为本的设计原则,注重新能源的综合利用,引入节能设计,采用节能设施,特别是再生能源的综合利用设施。

项目外观体量宏大,气势宏伟,特色鲜明,历史与现代人文气息浓厚,高度控制在 24 米,与周围既有设施和规划项目相协调。

作为现代化的城市图书馆,新馆突出开放性、智能化、人性化、灵活性、多功能、艺术性和花园式的特点。达到实现思想观念的开放、形式上的开放和内容上的开放高度统一,打破藏、借、阅、管分开的传统模式,实现“人在书中、书在人旁”的格局;在建筑上实现开放性、人性化、同层高、同荷载、同柱网、大开间的模数式设计理念,突出大天井、大格局、大框架、大层高的特点。

充分考虑沧州图书馆作为地区中心馆的功能,考虑对县(市)、区人口、外来人口的服务,实现数据共享、资源整合,充分落实集约、集成、集群的设计理念。引入先进的现代化图书馆的管理手段,达到设备现代化、服务自动化、管理智能化目标。并考虑建筑物内综合性网络化布线,将开展业务和为读者提供服务的语音系统、数据传送系统、计算机综合管理与服务系统、互联网、电话网、信息网、3G 网、自动化借阅系统局域网、馆内电子图书阅览平台及全国文化信息资源共享工程沧州市支中心服务平台、RFID 文献智能管理系统、监控系统等方面所需的线路统一组合在一套标准的布线系统上,使之适应图书馆业务不断发展的需要。

超前规划、合理分区,各功能区既相对独立又能相互协调。不同的功能分区设置不同的出入口,动区、次动区、静区合理布局,能同时满足各类文献保存外借及老年人、少年儿童等不同读者群的阅览、活动与休闲的需求。同时,充分利用地下空间,合理分布读者流、文献流和工作人员流,保证足够的流动空间和互不干扰。

充分考虑图书报刊文献收藏保存库的设置,做到科学、有序、安全收藏。考虑自然采光,确保达到通透、节能效果。考虑防火、防盗、防水、防潮、地面的承重、人员安全防护等因素,确保通道畅通,措施到位。

广场绿地配套建设地下停车场、商业设施及花园回廊等读者休闲设施,对绿地布局与风格,植物选择与配置,绿地内部建筑小品设计意向、位置、风格提出控制和引导要求。

楼内装修及配套设备体现高档次、高品位、高科技含量、人性化、文化内涵丰富、简洁大方、典雅美观等特点。专业借阅设备配置做到档次、形状、规格、色彩协调一致。

项目功能具备文献保存、知识传播、社会教育、文化休闲、学术交流、数字化服务、全民阅读推广、读者自习九大功能。能同时满足各类文献保存及借阅、不同读者群的阅览与活动、信息研发与咨询、专家研修、专题文献开发、计算机网络控制与服务、音像资料视听、学术报告、大型展览、公益讲座、读书推广活动、社会教育与读者兴趣培养、新书展销、学生自习、文化休闲、读者健身、工作人员及读者就餐、来访接待、大中型会议、日常办公、学术交流、物业管理与服务等需求。

安装中央空调、分区单体空调、音乐播放系统、语言图像同步传送系统、图书及其他材料载体的垂直及水平自动化传送装置、客货运电梯、残疾人无障碍通道,自动喷淋消防设施、安全监控自动报警系统,设防火、防盗系统总监控室,采取温感、烟感自动报警装置,在不适合水消防的部分(如古籍库等)应设烟、温感双重报警加气体灭火装置。个人或集体的视听阅览室、报告厅都配备放音、放像等视听阅览设备装置。同时,馆内配有录音录像采访设备和非线性编播制作设备。

具体方案设计与功能布局如下:

(1)总体构思

九宫之数起源于河图洛书,是中国传统文化的重要组成部分,大到城市建设小至书法临帖,渗透于中国人生活的各个层面。设计师甚至发现,沧州市城市新城区的主体部分乃至市民服务中心所在的新城区核心部分的空间结构亦不例外。这一极具特征性的城市肌理,启发了设计师以九宫格图作为本方案的基本布局原型,符合图书馆传承文明、弘扬文化的功能属性。

在具体的操作中,将九宫格的中间单元取出,形成建筑的中庭和内院;同时,将剩下的单元区分成虚实、轻重两种分块相间布置,形成完整统一而又错落有致的城市形象。

图书馆的深化设计巧妙暗合了"经史子集"四库全书之意——四个角部的体块,采用方向渐变的单元式竖向立面分割,形成书列的形象特征;四面中部体块凸出,表面为 108 个篆体"書"字的活字底板形饰件的集合。两者相合,共同展示着沧州文化的悠久历史和美好未来。

(2)功能处理

一是四面出入。基地三面环路,一面紧邻城市公园绿化带,交通条件便利,故将图书馆居中,四面设置出口。南侧和面向城市绿化带的东侧为图书馆的主入口;北侧与紧邻城市道路的西侧为办公、书库辅助入口。彼此相对独立,互不干扰。

二是水平分区与垂直分区相结合。平面上沿四面入口设置不同的功能空间,并结合垂直分区划分功能单元。建筑一层设置为少儿服务、残障服务和辅助空间;二层以上为图书馆中文图书报刊阅览室普通阅览室、各类专题阅览室及办公空间;地下一层为书库、车库及相关设备用房。

三是引入中庭。建筑中部敞开形成中庭,其周边设置垂直交通核和水平环廊,就此展开阅览空间。中庭的顶部处理成空中花园,营造中国传统院落的空间感受。

四是开发地下空间。设置半地下室,将书库、车库、设备房等配套功能放入地下,因为是半地下室,可利用突出地面的窗口、采光顶、下沉内院等提供采光通风,降低建筑的使用能耗。

通过精心设计、合理组织,使各功能块各得其所、既分且合、相互依存、共同形成一个有机整体。

（3）技术指标

用地面积:38 000 平方米,总建筑面积:31 714 平方米。

地上建筑面积:24 552 平方米,半地下建筑面积:7162 平方米,容积率:0.61,覆盖率:16.5%,地下机动车停车位:63 个。

4.4　项目建设管理

图书馆项目实行法人负责制,项目法人单位（业主）在市长任总指挥的"一场五馆"工程建设指挥部的领导下开展立项、施工、验收手续跑办,建筑方案与功能设计要求的提出和确认,施工与监理单位、设备和材料选型招标,各项合同的签订与管理,配合监理单位把好建筑质量关,做好基建财务账目与固定资产的管理工作,组织馆内外整体装修布局,筹备开馆各项准备工作,组织开馆运营工作。配合建设局工程组开展工程施工组织和计量计价工作。争创省优、国优工程。图书馆对项目管理的积极介入,保证了新馆各项功能的充分实现。

4.5　新馆建筑功能、装饰与借阅设备亮点

中心服务台及景观花园:位于一至三层大厅中心位置。中心服务台总建筑面积 168 平方米,高 5.2 米,四面墙壁中间位置为四组汉白玉浮雕,正面内容为国际图联—联合国教科文组织发布的《公共图书馆宣言—节选》,其余三面内容分别为与沧州及图书文献相关联的《纪昀纂书》《冯道印书》《献王集书》。浮雕四周围为杏黄色木板书墙装饰。外围为周圈 1.1 米高米黄色大理石及深红色玻璃装饰的服务台,内部为进入景观花园楼梯、办公区及进入负一层书报刊库的步梯与电梯,主要功能为读者办证、读者服务咨询、馆藏文献检索、读者活动推广、宣传教育培训咨询等。景观花园直接建在中心服务台上面,面积 69 平方米,外墙为图书馆外部造型的玻璃点式幕墙结构,从一至三层中庭环廊均能看到花园整体风貌,给读者创造了一个温馨、清新的读书环境。

图 2　中心服务台及景观花园

　　露天花园(休闲书吧):位于图书馆四层,在一至三层中庭阳光顶上,面积为 638 平方米,由玻璃幕墙与馆内功能区环廊分隔。花园内建有中式仿古加檐环廊,设有休闲座椅供读者阅读书刊,交流思想,放松身心,亲近自然。

图 3　露天花园(休闲书吧)

文化墙、雕塑:在图书馆二、三层中庭环廊南北两侧墙上分别装有面积为 100 平方米的内容为《百沧图》《百家姓》《知识之门》《知识之窗》木质雕刻的文化墙。

在一至四层中庭环廊安放有与书籍有关系的各种造型与材质的雕塑,营造了浓厚的文化氛围,提升了图书馆的文化品位。

内部基本装饰:负一层至四层的公共区域和各功能区地面和墙面(除特殊材料外)均为石材和面砖装饰,彰显高端大气和城市厅堂的气派。

文献典藏、读者服务、业务管理等各功能厅设备的配置高端大气上档次,主色调为杏黄色,亮丽明快,内涵丰厚。营造了浓厚的百姓温馨大书房、市民交流体验新生活公共空间的氛围。

音乐图书馆:位于馆二层空间,建筑面积 500 平方米,分为音乐欣赏室、视听文献阅览室、蓝棚演播室、录音棚、视听文献后期制作、非线性编辑室、化妆与候场室 6 个功能区,为读者提供音乐戏曲电影学习、欣赏、体验和视听文献的制作利用等服务。

专题文献馆:馆内建有 9 个独立空间的功能区用于专题文献收藏、整理、研究、开发、展示与利用,分别为运河专题文献馆、诗经专题文献馆、武术专题文献馆、杂技专题文献馆、张岱年专题文献馆、张之洞专题文献馆、

图 4　沧州作家专题文献馆

书画专题文献馆、沧州作家专题文献馆、纪晓岚专题文献馆。每个馆建筑面积 100~500 平方米不等,分展览区、文献收藏区、研究查阅区和电子、视听文献查阅区。全方位面向读者提供浏览、查阅与专题学术沙龙服务,实现了专题及地方文献收藏与利用工作的新突破。

图 5　张之洞专题文献馆

中西餐厅、音乐咖啡书吧:中餐厅位于负一层东区,门朝东,与文化公园广场相交接,位置优越,方便读者与市民用餐,餐厅面积 800 平方米,由 7 个雅间、一个大厅及配套设施组成,餐厅取名春帆食府,春帆为《四库全书》总纂官纪昀的字,7 个雅间以收藏《四库全书》的南北七阁冠名。西餐厅(休闲书吧)位于负一层东区北端,面积 600 平方米,完全北欧装饰风格,深受读者喜爱。音乐咖啡书吧位于一层大厅东南角,为敞开式,面积 300 平方米,设计精巧,层次分明,并配置美式钢琴,可由专业人员弹奏,也可以自动播放,读者也可以一试身手,体验钢琴加咖啡的感觉。中西餐厅及音乐咖啡书吧的设置使图书馆成为读者的悦读家园,在图书馆可以一家人读书学习,看展览,听音乐,听讲座,参与读书沙龙和读书推广活动,看电影,录制自己的唱片与视频,与朋友交流思想、沟通感情,享受体验文化休闲生活,吃中、西餐,喝咖啡,浏览精美画册,快乐享受每一天。

幼儿梦想剧场:位于一层幼儿服务区内的独立空间,面积 90 平方米,室内满铺地毯,拥有装饰表演舞台,配置专业灯光音响和投影设备,方便幼儿读者在馆员和家长的指导下阅读动画绘本,排演童话剧目。且定期举办专场演出,拓展阅读空间。同时,举办专场电影放映活动和幼儿家长指导幼儿阅读培训班。深受家长和幼儿喜爱。

多功能厅、接待室、展览厅:分别位于图书馆负一层、一层和四层。多功能厅有360座位1间、160座位1间、120座位2间、60座位2间、30座位1间,共7间,室内全部为吸音板精装修,配置相应的灯光、音响、投影、LED屏等会议与演播系统设备,桌椅配置大方考究、高端气派上档次。接待室有30平方米2间、80平方米1间、120平方米1间,共4间,全部为精装修,满铺地毯,茶几茶柜博古架等为木制杏黄色烤漆,沙发为白色皮艺和布艺大款造型,室内配置电视、投影和会议系统,配合不同的多功能厅使用。展览厅位于一层南门大厅西侧,面积360平方米,由玻璃幕墙与大厅分隔,内置悬挂式可移动展板,能满足不同功能的展览需求。

开放式自习区、读者交流洽谈区、专家研修室、培训室:馆内二、三、四层中庭环廊四周配置杏黄色阅览座椅、白色休闲阅览长条沙发和单体沙发配杏黄色阅览桌、欧版防腐木休闲阅览桌椅作为开放式读者自习区和读者交流洽谈区,约800个座位,读者置身其中犹如置身温馨静谧花园大书房,既可放松身心,又可广思博览。专家研修室位于三层参考咨询区,面积20~50平方米不等,共8间,全部精装修,装饰通顶书墙,配置办公班台、班椅、沙发、电话、计算机、打印机等设备,为各类专家学者阅读、查询馆藏文献,开展科学研究,提供优质高端服务。

各借阅查询功能区均配套电子文献阅览查询及互联网浏览查询系统设备、信息发布导读系统设备、电子书借阅机等移动图书馆设备及自助借阅机、读报机,最大限度地满足读者在网络信息环境下的阅读需求。

面向馆外24小时自助图书借还服务区位于一层大厅南门两侧,分图书借阅区和还书区,图书借阅区设门禁系统、图书收藏架、阅览桌椅和图书自助借还机。还书区设置两台自助还书机,安装七分拣系统设备。馆外24小时自助图书借还服务区的设立,延伸了图书馆的服务时间与空间,满足了各类读者的读书需求,受到广大读者的热烈欢迎。开馆以来利用率极高,社会效益显著。

图 6　开放式读者自习区和读者交流洽谈区

VI 及导视系统采用铝板等材料制作,红灰黄三种不同比重颜色搭配。图书馆标志为一个五角星及外围五个四分之一朝外圆弧,组成五个人字形和五本书的造型,人与人手拉手,书与书肩并肩,二者合一,构成图书馆标志的基本元素,象征人与书的不解之缘。五角星内为沧州市图书馆建筑外形的简笔造型,突出了标志的独有个性,五角星则代表图书馆的五星级服务理念。沧州市图书馆五个字体为沧州南皮人、清代名臣张之洞亲笔书法汇集而成。整个 VI 及导视系统效果高端大气沉稳,具有独特的文化内涵和视觉美感,受到全国各地到馆领导、专家与读者的一致好评。

5　结语

"我心里一直都在暗暗设想,天堂应该是图书馆的模样",这是阿根廷前著名小说家、诗人、作家协会主席、国立图书馆馆长、布宜诺斯艾利斯大学哲学文学系教授博尔赫斯的著名诗句,形象地描绘并揭示出图书馆作为存储与传播人类知识的神圣殿堂,博大幽深,雄伟明亮。可以说城市图书馆既是一个城市展示城市功能,提升文明程度,宣传发展成果的恢宏宽敞的"靓厅堂",又是一个城市全体人民汲取科学文化知识,提高综合素质,铸造优秀品格的温馨静谧的"大书房"。就此意义来讲,如果有天堂,那确应是图书馆的模样。

　　沧州市图书馆新馆建成开馆,成为沧州市标志性的文化设施和亮丽的城市名片。并作为全市的知识中心、信息中心、社会教育中心、全民阅读推广中心、文化休闲与交流中心和文化信息资源共享中心,成为推动沧州经济发展和社会进步的精神动力的输送站、信息开发与传递的导航站和重要的社会生产力。更是沧州人民享受经济、社会、文化与环境科学发展成果的"人间天堂"。

参考文献

1　陈超.图书馆如何迎接大数据时代[J].图书馆杂志,2014(1):4—7.

2　马晓亭.大数据时代图书馆个性化服务读者隐私保护研究[J].图书馆论坛,2014
　　(2):84—89.

3　邓李君,杨文建.大学生使用移动图书馆的行为持续性的影响因素分析及对策研究
　　[J].图书馆论坛,2014(2):63—67.

4　江波,覃燕梅.我国移动图书馆五种主要服务模式的比较研究[J].图书馆论坛,
　　2014(2):59—62.

传统文化与现代理念融合下的图书馆建筑

——山西省图书馆新馆设计与建设实践

赵谞炯　石焕发

Combination of Tradition and Modern
—New Library Design and Construction Practice of Shanxi Library

Zhao Xujiong　Shi Huanfa

摘要：文章从外观造型、内部结构、室内装修、环境设计等方面，介绍和总结了传统文化与现代理念融合下山西省图书馆新馆设计与建设的实践和经验。

关键词：图书馆建筑，传统文化，设计理念

Abstract：The paper introduces and summarizes the new library design and construction practice of Shanxi Library from the aspects of its external appearance, internal structure, indoor decoration and environmental design, etc.

Keywords：library architecture, traditional culture, design concept

公共图书馆是城市的文化象征和文明标志，是集中体现当地文化积淀和文化精神的建筑，其外观造型、室内装修和环境设计，在满足功能优先、适用为本的前提原则下，应当充分反映当地的文化传统和特点，创造富有独特风格的图书馆建筑形象。山西省图书馆新馆在设计和建设中努力坚持传统文化和现代理念的兼容并蓄，实现了厚重内敛的三晋传统文化和开放人文的现代设计理念的和谐融合。

1 山西省图书馆新馆工程概况

山西省图书馆新馆是"十一五"时期省级重点公共文化设施建设项目，是省城的十大建筑之一，已成为省城的文化新地标。新馆位于太原市长风商务区文化岛，与山西大剧院、山西省科技馆、太原市美术馆、太原市博物馆整体组成五大地标性文化建筑，北侧与山西国际展览中心相望，东侧远眺汾河，西侧与太原市行政中心相邻。

赵谞炯，山西省少年儿童图书馆馆长，副研究馆员。Email:1544616439@qq.com

石焕发，山西省图书馆党委书记，研究馆员。Email:sxlibshf@sohu.com

山西省图书馆新馆总投资 3.5 亿元,总占地面积 121 313 平方米,项目净用地约 79 310 平方米。建筑主体地上五层、地下一层,建筑面积 49 900 平方米,东西总长 128.1 米,南北总长 150.6 米,总高 31.8 米,平台上高 24 米,平台下高 7.8 米。设计藏书量 700 万册,有各类阅览室 27 个,还有视听室、报告厅、多功能厅、展厅以及可供读者选择的专题阅览区、数字多媒体体验区、休闲阅读区等,可容纳 3000 人同时阅览。

山西省图书馆新馆属于代建制"交钥匙工程",由山西省政府工程建设事务管理局负责建设,2007 年 12 月 19 日破土奠基,2008 年 7 月 30 日正式动工,2009 年 10 月 23 日主体竣工,2012 年 12 月 31 日工程交接,2013 年 7 月 1 日正式开馆。

图 1　图书馆正面全景图

065

图 2　图书馆背面全景图

传统文化与现代理念融合下的图书馆建筑——山西省图书馆新馆设计与建设实践

2　外观造型

2.1　"开卷有益"的整体造型

古人云:开卷有益。阅读给人的直观印象就是打开书卷、汲取知识。山西省图书馆新馆外观整体造型以此为立意,不论是从空中俯瞰,还是由步行景观桥——跻汾桥一路向西,映入眼帘的图书馆都宛如两卷叠放在一起而打开的大书,静静地展现在长风商务区文化岛的西北角,等待着人们去翻阅。

山西省图书馆新馆平面整体呈 L 型展开,东面和西面两个重叠在一块的 L 型区域像两本打开的书,主要为阅览区和办公区。

2.2　岩石垒砌的知识殿堂

著名诗人、前阿根廷国家图书馆馆长博尔赫斯有一句非常著名的诗句:"我心里一直都在暗暗设想,天堂应该是图书馆的模样。"山西省图书馆新馆外立面造型正像是一座岩石垒砌的知识殿堂。新馆外立面造型设计融书籍剪影的堆叠手法、汾河沉积岩的横向肌理、传统石窟的竖向密肋于一体,仿佛是层层叠起的书卷,象征着书籍是人类文化的积累与沉积。墙体采用玻璃体块与石材体块相穿插的方式,充分体现出处于由边缘的太原市美术馆向山西大剧院中轴地带自然转折的动势。岩石般浑然天成的建筑造型与大地景观和谐融为一体,更像是从地面自然生长出的原生态建筑。相对于文化岛其他建筑张扬和外显的异型结构和现代感着色,图书馆建筑显得更为内敛和安详,以浓厚的人文气息和大气磅礴的姿态从文化岛建筑群中脱颖而出。

建筑外立面石材设计灵感来源于汾河岸边历经千年冲刷的沉积岩印象,两个 L 型立面石材颜色分别选取黄色和红色两种最常见的汾河沉积岩色彩。东面黄色石材横向挂贴,呈现了汾河沉积岩的横向肌理,又好似堆叠平放的万卷藏书,每层中间间隔的蘑菇石立意源于山西省图书馆老馆主楼前厅的底层蘑菇石外装饰;西面红色石材沿纵向挂贴,呈现了山西传统石窟的竖向密肋,也酷似书架上整齐立放的一本本藏书,用于间隔石材外墙的条窗,设计立意继承自山西省图书馆老馆主书库条窗。

2.3　传统民居式顶部构造

连接"两本大书",即两个 L 型区域的中间连接区为中庭、走廊通道和公共休闲活动区,这个区域的顶部用钢梁架构,高挑形成坡面,设计创意源于对山西民居大院的单坡屋面进行抽象与重构。

3　内部结构

3.1　传统建筑文化特性的现代演绎

将传统文化符号应用到现代建筑设计中,不仅能为现代建筑注入更多的精神文化内涵,还能克服现代建筑的许多不足,充分提高建筑的实用性。山西省图书馆新馆内部结构在空间分布、区域分隔、通道设计等方面对山西传统建筑文化特性进行了合理的现代演绎。步入馆内,就像走进了极具特色的现代"山西大院",处处洋溢着浓郁的山西味道。

在空间分布上,地下一层采用山西传统建筑的下沉式庭院设计理念,除书刊采编、加工区,消防、安防监控等行政后勤服务区,以及通道直接对外的教育培训区外,主要设置以藏为主的密集书库,不设公共活动空间,大大增加了建筑的使用面积,用于存放利用率很低的保存本和提存书刊,为未来藏书增长预留了一定空间。地上五层,一至四层主要为阅览区,按照人流量和文献利用率实行"低流通高研究"的布局,一至二层为普通图书、现报现刊、少儿等流通型阅览室,三至四层为地方文献、过报过刊、保存本图书和专题文献等研究型阅览室,五层为职能部门和业务部门集中办公区。

在功能区域分隔上,传承山西传统建筑"庭院"的文化特性,以透明和半透明玻璃相间的钢架玻璃隔断方式对文献借阅区进行分隔,每个区域内实行开架借阅,实现了书刊藏、阅、借的一体化。钢架玻璃隔断的现代感与建筑整体设计风格协调一致,既改变了传统图书馆借阅空间的墙体分隔,其界面的透明性和半透明性改变了人的空间感受,减少了视觉阻碍感,实现了图书馆区域分隔从不透明走向透明和大众学习模式从封闭走向开放的协调一致,同时也克服了现代图书馆大开放、无间隔模式造成的书刊混乱、整理工作量无形加大的弊端。

在通道设计上,引入传统建筑"街巷"的文化特性,各层环绕中庭设置宽敞、舒适的"街巷"式走廊和通道。在设置箱梯、扶梯、观光梯等各种实用功能的电梯外,主入口大厅一侧一条顺畅、便捷而又壮观的步行通道从一层直通四层,令每一位拾阶而上的读者触景想起高尔基的名言——"书籍是人类进步的阶梯"。次入口(少儿读者入口)大厅内别具特色的旋转楼梯直通三层,与主入口步行通道会合通向四层,其设计与山西省图书馆老馆少儿阅览楼的旋转楼梯一脉相承。在主入口和次入口设计残障通道外,一层视障阅览室还直接向楼外平台设有残障通道。每层 L 型不规则斜角区域用墙体分隔出独立的行政办公区,内设职员梯和货梯。科学合理的通道设计实现了现代图书馆建筑要求的读者流、文献流、员工流三线的有序分流。

3.2　现代开放共享空间的充分展示

模数设计理念的统一柱网、统一层高、统一荷载,可以实现现代图书馆建筑的空间分合灵活和随意变化。山西省图书馆新馆结构设计中灵活发挥模数设计的优势,柱网统一中有变化,以适应不同功能区域的多重需求,阅览区域竖向层层叠加,减少交通流线的面积,保证阅览和藏书空间;层高统一中有变化,局部拔高搭建出更加高大、通透、舒适的开放共享空间。

建筑利用柱网的变化和层高的变化,在读者主入口和次入口处分别设计了两个中庭开放共享空间。主入口共享中庭贯穿通高至五层,在四、五层设计师大胆采用土木建筑中"四梁八柱"的设计理念,钢架斜拉支撑构筑起中庭屋顶,屋顶运用透光材料,将自然光引入建筑内部,使读者能够沐浴阳光和书香,尽情享受文化休闲的愉悦。在一层次入口少儿阅览室外设通高至三层的共享中庭,方便少儿读者活动和家长休息等候孩子。按照图书馆服务的特点和性质,按照动静分区的原则,在一层主入口南面安排相对独立的会展区,设有报告厅、展厅和贵宾室,并设了两个独立的报告厅入口和贵宾通道。

建筑注重利用柱网和层高变化,以及通道所形成的每一个细部空间,打造出一个又一个小巧别致的休闲平台,配以绿植点缀,恰似一个个微缩的园林式阅读空间,为读者提供了更多静谧的自习空间。

4　室内装修

4.1　现代高新材料承载传统文化元素

模数式建筑设计和高新技术建筑材料使得现代图书馆建筑变成千篇一律的"大房子",室内装修时通过局部点缀传统的纹样、色彩、工艺,或者在设计中赋予其一定的文化寓意,能够为现代图书馆建筑增添地域特色和民族风格。

　　走进新馆主入口大厅,环顾左右,晶莹剔透的水滴灯垂直"滴"下,让人们第一反应想到"智者乐水"和"水滴石穿"等成语,似乎在寓意和激励着读者经常到图书馆来汲取知识,增长智慧;仰望屋顶,现代化的钢架贴上木纹纸变幻成了古色古香的"木梁",让人能马上联想到灿若星辰的山西古代优秀建筑;脚踏大地,黝黑发亮的长方形大理石地面,让人仿佛置身于青砖铺地的山西民居;迎面看去,公共区域周边采用先进的氟维特板装饰而成的灰色墙面,让人仿佛触摸到了山西大院的灰瓦高墙;步行通道的左侧上方,一面书籍条码状的装饰墙取材于传统制陶工艺制作而成的陶管。运用现代高新材料,承载传统文化元素,所有这些精心细微的装修设计,都让我们感受到图书馆建筑中现代和传统的完美交融。

图3　图书馆大厅

4.2　前瞻定位多元设计休闲娱乐空间

　　突出现代精神,融入时代特色是山西省图书馆新馆室内装修的一个重要原则。新馆的建设目标除全省的知识中心、情报信息中心、文献保障中心、社会教育中心、古籍保护中心、公共数字文化建设中心外,还有一个新的定位就是建设公众文化休闲中心,以适应现代公共图书馆的发展趋势和读者的实际需求。

　　新馆灵活利用中庭空间、景观平台,以及地下空间,改造装修茶饮、购书、视听、餐饮等休闲空间,打造了一个阅读、交流、娱乐为一体的文化休闲"大超市"。在读者流量大的一、二层公共区域,辟出三处空间开设茶吧、书吧、咖啡吧,摆放有沙发和茶几,供读者休闲茶饮。咖啡吧设在主入口二层的景观平台,地面局部下挖,上面铺设钢化玻璃配以灯带,以放大仿真的形式展示了镇馆之宝北宋雍熙三年刻《佛说北斗七星经》的片断页面。二层南面相对独立的数字服务区,除数字阅览室外,还改造装修了视听室和多媒体体验室。另外,还利用地下一层空间装修了方便读者就餐的中餐厅和西餐厅。

5　环境设计

5.1　景色秀丽的自然环境

　　建筑与它的外部环境有着不可分割的联系,周边优美的自然风景能够衬托出建筑的美感。山西省图书馆新馆地处长风商务区文化岛。长风商务区是太原市拓展城市空间、展示城市形象、培育新的经济增长点的重大战略举措,由法国夏邦杰设计事务所设计。文化岛是将濒水的地块整体抬升 5 米,引汾河水入基地形成内河,环绕文化中心区而成。平台上为步行区,平台下为车流区。岛区环水而居,大片水面的营造使新馆犹如水中明珠,水空间将图书馆空间与外界的喧嚣隔离,渲染出自然、睿智、祥和的阅读交流空间。岛上绿草茵茵,环水面遍植白桦树,略显单一的树种彰显出北方文化淳朴、坦荡的个性。形态各异的五大文化建筑如一颗颗宝石,镶嵌在绿茵中,形成了独特的城市空间意向。

5.2　舒适典雅的人文环境

　　图书馆建筑作为大型公共文化设施,在环境建设方面,应该营造舒适典雅的人文环境。山西省图书馆新馆坚持"有空间必有休闲座椅、有空间必有书架、有书架必有书籍、有空间必有展品"的创新理念,为读者营造了一个舒适典雅的人文阅读休闲环境。

　　"有空间必有休闲座椅"是新馆座椅的布局原则,除了阅览室内配备阅览桌椅外,所有可合理利用的公共空间都配备了阅览桌椅,为读者创设了更多的自由阅读和学习空间。实用、舒适、休闲是新馆阅览桌椅的一个重要特点,阅览室内和室外自习区主要配备普通钢木桌椅,专题阅览区选用实木桌椅,公共区和阅览室内休闲空间则选用沙发、茶几等休闲桌椅。根据人流量和使用功能,一、二层座椅选用皮质面料;三、四层座椅选用麻绒面料。另外,在书架的设计选型中,同样注重人文细节,一、二层流通型阅览室书架木护板选用现代的平面型,三、四层研究型阅览室的书架木护板选用传统的古典型。

"有空间必有书架,有书架必有书籍"是新馆公共区域的布置理念。以建设市民的"终身学校""城市书房"为目标,在走廊、平台、茶吧、咖啡吧、书吧等休闲区随处摆放错落有致、造型各异的休闲书架,上面摆满热门图书和杂志,读者即使在阅览室外,也可伸手触及书刊,把读书学习氛围营造到了极致。

"有空间必有展品"是新馆文化装饰的最大亮点。新馆在中庭和走廊悬挂有近二十位山西文化名人画像,摆放了大型木雕《鹳雀楼》《晋风》系列铜雕、堆锦等工艺品。采取资源共享的策略,在阅览区域和公共区域悬挂了山西画院画家创作的80多幅美术作品,在展厅与山西省工艺美术馆合作常设"手艺山西"非物质文化遗产精品展览,不仅为馆舍增添了文化氛围,也为相关单位和传统手工艺品提供了展示平台,宣传了山西丰富多样的历史文化。

图4　休闲区

071

图 5　自习区

　　新馆的人文色彩,还体现在地下一层的文化字雕上,院落里红色的墙体上镌刻着一个个不同字体的"书"字,入口门厅正面灰色墙体上则镌刻着《论语》中关于学习的论述,为建筑增添了书香气息。

5.3　先进智能的技术环境

　　现代化图书馆建筑必须实现智能化、网络化、信息化综合管理。智能化工程的背景音乐系统、多功能会议系统、信息发布系统、安全防范系统(包括视频监控、门禁、电子巡更、入侵报警等系统)、楼宇控制系统,以及消防系统的火灾自动报警系统、消火栓系统、自动喷淋灭火系统、排烟系统、气体灭火系统、自动跟踪定位射流灭火系统等专业管理系统的综合应用为场馆的安全有序运行提供了可靠保障,也为图书馆业务和服务工作创造了条件。

先进智能的自动化和数字化环境是现代化图书馆提供智能化服务的技术保障。新馆以服务手段智能化、服务方式多元化为目标和定位,以计算机网络系统为基础,除普通计算机外,购置配备了电子导引平台、多媒体公告仪、自助办证机、自助借还机、自助还书机、自助复印机、电子阅报机和视障阅览专用设备等智能化设备。利用RFID射频识别和移动智能等先进技术,实现了读者自助办证、自助借还、自助复印、移动阅读等现代服务,服务能力实现了质的飞跃。馆内实现无线(WIFI)网络全覆盖,所有阅览室内均设网络检索查询用机,到馆的读者可以随时随地检索馆藏书目,访问数字资源。数字导航和数字存贮,使读者通过认证和手机移动图书馆突破时空障碍,自由地查阅海量的数字资源,享受便捷、高效的智能化服务。此外,新馆每层都安装有先进的净水饮水设备,免费为读者提供纯净的直饮水和热水服务。

5.4　节能环保的生态环境

节能环保是山西省图书馆新馆设计和建设的重要指导思想。从建筑用材及运营成本等细节方面,运用了许多节能环保技术。如玻璃和石材两种幕墙相结合避免了全玻璃幕墙的光污染和高耗能,外墙所用的仿青砖墙面有保温节能的作用,馆内的水循环运用了两个系统,外立面双隔音玻璃可以根据不同季节调节室内空气温湿度,室内隔墙采用了防噪音系统,等等。

从管理方面,通过先进的楼宇控制系统,对冷热源系统、空调送风系统、送排风系统、给排水系统进行实时监控管理,不仅能够确保设备安全运行,而且能够节约能源。

从书架和阅览桌椅设备选型来看,选用钢木材质,主要是从建筑整体风格协调考虑,同时也符合了生态环保的要求。另外,新馆坚持"有空间必有绿植"的理念,不仅在中庭等主要空间摆放了竹子等大型仿真绿植,而且购置布局了大量的各类绿色植物,为读者创造了生态环保的阅读环境。

传统文化与现代理念融合下的图书馆建筑——山西省图书馆新馆设计与建设实践

参考文献

1　中华人民共和国文化部.建标 108—2008 公共图书馆建设标准[S].北京:中国计划出版社,2008.

2　毕树文,杨智伟.山西省图书馆:岩石垒砌的大气书卷[N].发展导报,2011 – 08 – 17.

3　康宁.快意书山——山西省图书馆新馆规划设计[J].华中建筑,2008(11);36—39.

4　刘军瑞等.国家图书馆和浦东图书馆新馆建筑研究[J].四川建筑,2012(4):67—70.

5　山西省图书馆新馆开馆[N].山西日报,2013 – 07 – 01.

以项目化管理促新馆建设

——以佛山市图书馆为例

黄　海

New Library Construction Promoted by Project Management

—Taking Foshan Library as An Example

Huang Hai

摘要：新馆建设工作与图书馆的日常业务工作相比有很多不同之处，对图书馆的现有管理体制和执行力提出了极高的要求和挑战。本文以佛山市图书馆为例，简述了在新馆建设中项目化管理的导入和设计，以及由此产生的效益和意义。

关键词：新馆建设，项目化管理，佛山市图书馆

Abstract：There are lots of differences between new library construction and daily library business. New library construction requires high quality of management system and library execution. The paper describes the import and design, as well as the benefits and significance by carrying out project management during the construction of the new library, by taking Foshan Library as an example.

Keywords：new library construction, project management, Foshan Library

1　新馆建设的现状及困境

佛山市图书馆新馆位于佛山新城文化中心，建筑面积 4.7 万平方米，地上 7 层、地下 1 层，设计藏书约 300 万册，阅览座位 2500 个。新馆以简洁的方体建筑、纯白的基调、活跃的色彩、岭南剪纸为特色的外立面设计，与周边园林环境完美融合，必将成为未来佛山市的标志性文化建筑之一。

佛山市图书馆新馆建设分为两个阶段，第一阶段采用代建制，由佛山新城开发建设有限公司负责，其内容包括新馆大楼的基建、室内基本装修、机电设备的安装、楼宇智能化系统等。第二阶段为图书馆自行负责建设，其内容包括家具、信息化系统、多媒体系统、图书馆专业设备、文化装饰及图书馆的搬迁等工作。两个阶段相辅相成、密切相关，第二阶段的工作必须在第一阶段的基础上实施。第一阶段的工作，图书馆直接参与较少，主要是代建方根据图书馆的需求进行设计、施工，再将建设好的新馆大楼交付图书馆。第二阶段的工作则完全由图书馆直接负责，

黄海，佛山市图书馆副馆长，副研究馆员。Email:82220987@163.com

包括各系统的方案设计、预算制定、组织采购、实施安装及最后的验收结算等。所有工作均需图书馆自行派员实施，同时为了保证新馆按时建成开放，在第一阶段还未完全竣工时，第二阶段的工作就已开始启动，这就对图书馆的执行力提出了极高的要求和挑战。

图 1　佛山市图书馆外立面实景

图 2　三层公共大堂效果图

图 3　三层阅览室效果图

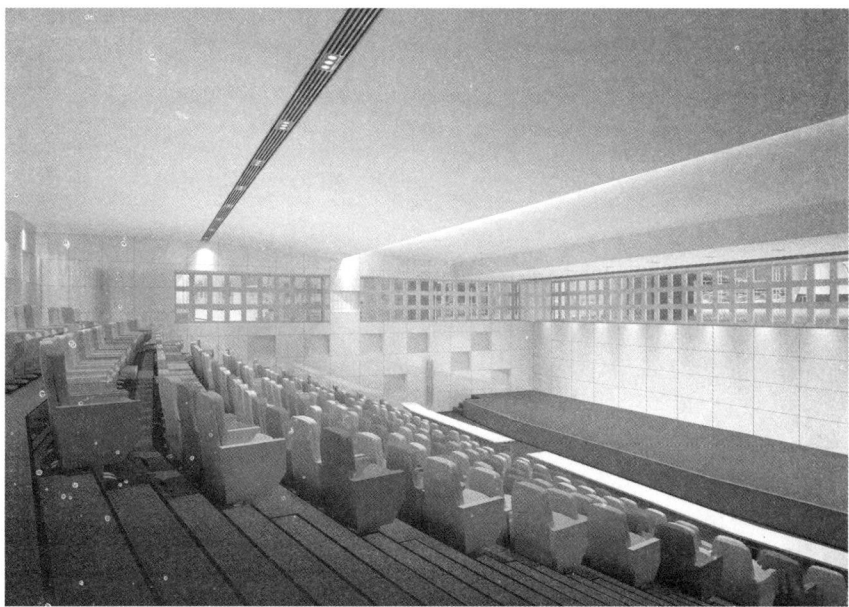

图 4　首层报告厅效果图

　　佛山市图书馆与绝大多数图书馆一样,其内部采用的是层级式的结构,按照业务性质分为不同的业务部门如采编部、图书馆借阅部、报刊借阅部、技术部、信息部等,各部门都有各自的业务范围和工作职责,负责各自的业务规划、发展和实施,部门主任向馆领导班子负责。在新馆第二阶段启动之时,馆领导班子就认识到,新馆建设作为一项迫切而重要的工作,范围涉及全馆所有业务部门,必须有一个常设机构来实施统一的计划、组织和协调。因此于2013年年初成立了新馆办公室,专门抽调了1位部门主任、两位部门副主任及两位普通员工,组成了一个精干的团队。

新馆办公室成立之后立刻开展工作,首先对第二阶段图书馆要实施的工作进行了仔细的梳理,并向馆领导班子提交了初步的工作计划,按照计划图书馆有大量的工作需要马上开展,其中家具大项里就包括钢木家具、办公家具、密集书架、少儿家具等。信息化系统大项里包括机房系统、存储系统、网络系统、安全系统、终端系统等。多媒体系统大项里包括报告厅专业装修、电影馆专业装修、音乐馆专业装修、个人视听设备等。所有项目加起来已超过50项,每一项都必须制定实施方案、提出预算、报上级主管部门立项、公开招标采购、与中标商签订合同、深化实施方案、入场施工、验收结算。拿到这份计划,新馆办和馆领导班子都认识到,图书馆在新馆建设上面临着前所未有的挑战,按照现有的层级式结构马上将面临如下的困境。

首先,50多项工作,不可能每一项都指定专人专职负责,何况任何一项工作都需要多人合作才可能完成,如果每一项工作都指定数人专职负责,那么全馆员工都停下手上的工作全部投入到新馆建设也不够。

其次,按照层级制机构的传统做法,某一项工作总是委派给某一个业务部门来完成,但新馆的很多工作因其特殊性,很难委派给现有的业务部门。例如家具,所有的业务部门都有家具,没有家具就无法对读者服务。但新馆的家具必须在风格、色调、款式上进行统一的设计,同时图书馆家具属于专业性很强的家具,智能密集架需要实现什么功能? 视障人士使用的阅览桌需要哪些贴心的设计? 个人视听椅如何体现特色? 每个部门对自己的家具都有特别的想法。如果把家具的工作委托给现有的某一个部门显然是不合适的。

再次,每一项工作除了对专业有极高的要求,还有一些共同的行政工作需要做,如跑立项、跑审批、跑采购、跑合同、跑付款等。这些工作属于每一项的共性,如果有熟手专门来做这一工作,将极大地提高工作效率,但是如果把所有的工作都委托给各个业务部门,显然无法期望每一个业务部门都能派出人员去跑这些重复性的行政工作。

传统的层级式结构显然无法适应新馆建设的特殊要求,必须有所改变才能推进新馆建设顺利开展。

2　项目化管理的导入和设计

按照美国项目管理协会(PMI)在《项目管理知识体系指南》中的定义,项目是为创造独特的产品、服务或成果而进行的临时性工作。按照这一定义,新馆的各项工作均可以视为项目,它们都有明确的起点和终点,有明确的成果。

佛山市图书馆从2011年开始推行项目立馆的政策,将一些阶段性的工作打包成项目来运作和管理,经过3年的探索和实践,已经取得了良好的成效。在新馆建设中导入项目化管理,将是一次难得的练兵,同时也是对3年探索和实践的检验。馆领导班子通过论证后提出,新馆所有工作均按项目来运作,在新馆建设中全面导入项目化管理。

2.1　模式

新馆建设项目化管理的基本模式是打破现有的层级式,全面导入项目化管理来推动新馆建设。新馆办梳理出的50多项工作被全部指派给项目负责人,由项目负责人组建项目团队,全面负责项目的实施,同时项目负责人向馆领导班子负责。在最终方案的确定、预算的提出及招标等关键节点必须向馆领导班子汇报,经领导班子集体讨论通过后才能继续推进。

项目负责人是项目团队的核心,所有的项目负责人均由馆领导班子直接指定,一般根据专业对口原则或者管理对口原则,例如数据机房项目就指定技术部主任担任项目负责人;展览厅专业装修项目,就指定使用展览厅最多的读者活动部主任担任项目负责人。另有一些涉及全馆多个部门的项目,就指定具有全局观念善于沟通协调的部门主任担任。当然,并不是所有项目负责人都指定主任担任,也有不少项目负责人由具有专业知识的普通员工担任。

如前所述,每一个项目除了有项目负责人在专业上把关之外,还有大量的行政事务需要处理,馆领导班子决定向每一个项目团队派出一位新馆办的工作人员,专门负责该项目的行政事务,协助项目负责人跑立项、跑审批、跑采购、跑合同、跑付款等。也就是说在每一个项目团队里既有专业人员又有行政人员,专业人员负责项目的方案和实施,行政人员负责与相关单位的沟通协调。这样专业人员可以专注于方案的总体把控和技术细节，行政人员则可以同时兼顾多个项目的行政事务，各自发挥自己的优势和专长。

2.2　单个项目的管理

项目管理就是将知识、技能、工具和技术应用于单个项目活动，以满足项目的要求。项目的管理过程包括启动、规划、执行、监控和收尾。项目管理是一种综合性的工作，每一个过程都和其他过程密切相关，在一个过程中采取的行动通常会对这一过程和其他相关过程产生影响。下面就以新馆报告厅礼堂椅项目为例来详细分析单个项目的管理过程。

启动，即获得授权，定义一个新项目。当馆领导班子指定项目负责人，授权项目负责人组建团队，为采购报告厅礼堂椅开展工作，即代表这一项目正式启动了。

规划，即明确项目范围，优化目标，为实现目标而制定行动方案的一组过程。由于项目管理的多维性，往往需要经过多次反馈来做进一步的分析，随着收集和掌握的信息不断增多，项目可能需要进一步规划，在项目管理中这种渐进式的规划通常又称为滚动式规划。在报告厅礼堂椅项目中就出现过这样的实例，通过公开招标我们确定了中标公司，当我们把中标公司的方案提交给图书馆聘请的室内装饰顾问时，顾问提出中标公司的方案与室内装修风格不匹配，礼堂椅的表面材质和色彩均需要更改，并提出了具体的更改意见。因为整个方案的变更会造成时间和成本的增加，一方面我们要求中标公司按照要求进行更改，另一方面我们与上级部门沟通协调，在合规的范围内适当追加了经费。通过这种滚动式规划，保证了项目目标的优化和实现。

执行，即完成项目管理计划中确定的工作以实现项目目标的一组过程。在报告厅礼堂椅项目中就包括立项审批、招标采购、签订合同、深化设计、安装调试等一系列过程。在这一过程中项目团队不仅要协调人员和资源，还要按照项目管理计划整合和实施项目活动。

监控，即跟踪、审查和调整项目进展与绩效，识别必要的计划变更并启动相应变更的一组过程。在报告厅礼堂椅项目中，监控也起到了关键的作用。中标公司按照我们的要求优化了方案，但在安装过程中，项目团队通过查阅方案文稿及施工现场监控，发现实际安装的礼堂椅缺少杯架，而且在座位牌的安装上存在不规范的情况,项目团队及时与中标公司进行了沟通并提出了整改意见。

收尾,即完成所有活动以正式结束项目。在报告厅礼堂椅项目中就是验收及确认付款。

项目的管理过程不同于项目阶段,它并不是线性的,而是在整个项目期间互相重叠,监控过程发现了问题,往往导致规划过程和执行过程的重新启动,监控过程在整个项目期间都与其他所有过程相互作用,对各项目阶段进行协调,以便采取预防或纠正措施,以确保实现项目的最终目标。

2.3　项目组合的管理

新馆建设项目繁多,目前已经明确的项目就有 50 余项,还不包括建设过程中仍有可能增加的项目,这些项目有些互有关联,有明显的先后顺序,有些则相对独立互不相关。但所有的项目都有一个共同的目标,那就是新馆建设,所有项目的实施都是为了保证新馆能按时建成开放。但这些项目的优先顺序如何确定? 经费比例应该如何分配? 项目与项目之间如何协调? 此时就有必要引入项目组合的概念了。所谓项目组合就是指为了实现战略目标而组合在一起的项目、项目集和其他工作。项目组合管理就是指为了实现特定的战略目标,对一个或多个项目组合进行的集中管理,包括识别、排序、授权、管理和控制。项目组合管理的目的就是通过审核项目来确定资源分配的优先顺序,并确保对项目组合的管理与组织战略协调一致。

新馆办作为常设的专职负责新馆建设的机构,责无旁贷地承担起了项目组合管理的职责,事实上在新馆建设第二阶段启动之初新馆办公室对所有新馆项目的梳理,就已经涉足项目组合管理的领域。

新馆办在对新馆项目进行梳理后,将所有项目大致划分成如下几个大的项目集:家具项目集、信息化项目集、多媒体项目集、基础业务设备项目集及一些无法归类到项目集里的独立的项目。每一个项目集里面又包含若干的项目,例如信息化项目集内包含数据机房系统项目、存储系统项目、服务器项目、RFID 系统项目、自动分拣系统项目等。新馆办公室以新馆建成开放为战略目标,对所有项目进行评估排序,不同的项目集可以齐头并进,但同一个项目集内则按照一定的先后顺序实施。例如在信息化项目集

081

内,机房是所有项目的基础,如果机房没建好,其他的一切信息化项目都无法开展,因此数据机房系统项目排在第一,紧随其后的是服务器项目和存储系统项目,而自动分拣项目因属于提升读者体验提高工作效率的项目排在了最后。

项目组合管理不仅对项目实施的时间先后进行排序,还对资源的分配进行排序,因为新馆建设的专项经费总额是有限的,各个项目如果各自独立地提出自己的预算,很可能造成前期预算宽松,后期预算不足;或者前期预算紧张,后期又用不完的情况。为了科学合理地使用有限的经费,必须在前期就有一个涉及所有项目的经费使用计划,同时还要为建设过程中可能临时增加的项目预留足够的不可预见费。

3　项目化管理在新馆建设中的成效和意义

通过导入项目化管理机制,在新馆建设中形成了一个全新的架构,这个架构的最高决策机构是馆领导班子,重大决策通过馆领导班子集体讨论通过。项目组合管理的机构是新馆办,负责项目的识别、排序、管理和控制。项目的执行机构则是各个项目团队,项目团队在项目负责人的带领下推动项目的具体实施。这样一个架构保证了新馆建设在不影响图书馆原有业务的情况下顺利开展和实施,在新馆建设中产生了良好的成效。

通过项目化管理,明确了每个项目的具体任务和项目团队的责任,有助于任务的落实和目标的快速实现,同时通过组建跨部门的项目团队这一全新的组织架构,有助于提高工作效率和保持团队的活力。各个项目团队在馆领导班子的带领下,在新馆办公室的统一协调下,为实现新馆建设的战略目标,通力协作、各尽所能。

新馆建设是一个标准的项目,它有明确的起点和终点,有明确的成果。对一个图书馆来说新馆建设是一次难得的机遇,对每一位图书馆员工来说新馆建设也是一次难得的锻炼机会,使我们能够融入项目管理的知识体系中,通过学习和实践,了解和掌握项目管理的思想和方法,对我们以后继续在图书馆日常业务中开展项目化管理具有积极的借鉴意义。同时随着各地大力发展公益文化事业,随着新一波新馆建设浪潮的到来,我们的探索和实践也将成为其他馆考察和借鉴的一个实例和样本。

参考文献

1　美国项目管理协会.项目管理知识体系指南(第四版)[M].北京:电子工业出版社,2009.

2　美国项目管理协会.项目管理知识体系指南:政府分册[M].北京:电子工业出版社,2008.

3　李文.企业项目化管理实践[M].北京:机械工业出版社,2010.

以项目化管理促新馆建设——以佛山市图书馆为例

建设"有温度的"城市图书馆

——金陵图书馆建筑设计思想分析

严　峰

"Warm" City Library Construction

—Analysis of Ideas on Architectural Design of Jinling Library

Yan Feng

摘要：金陵图书馆在建筑设计上,尽可能体现人文关怀,从主观上力图把帮助市民及时获得知识信息,增进人文交流,使市民在图书馆里享受轻松、高品质的健康生活,作为图书馆构建设计思想中的人文理念。在充分分析和肯定成功经验的同时,指出馆舍地址的选择和图书馆群分布不均的问题,依然是我国城市图书馆普遍存在的弱项。从建筑设计思想上,要坚持以人为本,在服务手段上力求创新,以崭新的办馆条件和环境,为市民提供更贴心的服务,真正成为"有温度的图书馆"。

关键词：金陵图书馆,城市图书馆,建筑设计,设计思想,设计理念,人文关怀

Abstract：In the construction design, Jinling Library embodied humanistic care, helping people easily access to knowledge and information, and promoted communication, enable people enjoy the high-quality services and leisure environment. But at the same time, the author pointed out that there were problems existing in the location choices of library building and uneven distribution of libraries, which were also the widespread weakness of Chinese libraries. Jinling Library should adhere to the people-oriented idea and strive to innovation in the service means, providing warm services to citizens and truly become the "warm" library.

Keywords：Jinling Library, city library, architectural design, design idea, design concept, humanistic care

　　金陵图书馆是南京市立图书馆,副省级城市国家一级图书馆,国务院授予的"全国古籍重点保护单位"。1927 年(民国 16 年)6 月 9 日,南京特别市创办市立(第一)通俗图书馆,1928 年 7 月改称为南京市立第一图书馆。1930 年 4 月易名为南京特别市立民众图书馆,馆址迁入泮宫。1932 年 6 月,与民众科学馆合并。1933 年 9 月,改称南京市立图书馆。1937 年(民国 26 年)12 月 13 日,日军占领南京后,放火将泮宫连同市立图书馆烧毁,图书大多焚毁殆尽,其中包括搜购齐全自原始至晚清革命的所有缙绅录,这类书对于考证历代官制的变迁、人物经历等很有参考价值。目前金图仍珍藏有南京市立图书馆的藏书,具有极其宝贵的历史意义,也对今后开展南京市公立图书馆史研究提供了有价值的实证。

　　1958 年 7 月,南京市人民代表大会通过了筹建市图书馆的提案,市文化局起草了《关于建立市图书馆筹备处的报告》,报请市人民政府批准。期间虽经困难时期和"文革"干扰,仍坚持在过渡馆舍阵地开展服务,长年送书到基层、乡下、田头。

严峰,金陵图书馆馆长,研究馆员。Email：yanfeng@jllib.cn

1980 年 10 月,位于长江路 262 号的新馆建成开放,馆舍面积 7300 平方米,初名南京市人民图书馆,1984 年 10 月改为现名。

从 20 世纪末开始,随着经济高速发展,社会全面进步,从沿海到内地、由东部向西部掀起了一股新建扩建图书馆的热潮,图书馆馆舍面积、设施条件得到了很大改善。为了更好地服务社会,服务市民,2005 年 10 月,南京市政府投资 2 亿元在河西地区开建金陵图书馆新馆。

金图新馆位于河西新城中心区文化设施用地的东北角,与南侧艺兰斋美术馆,东侧奥体中心、行政广场和新城大厦,西侧滨江公园,共同形成河西新城区重要的城市空间轴线,是河西地区的标志性建筑之一。新馆"琢石成玉"方案将建筑形体整合为四部分:基座(弧形覆土绿化草坡);悬浮于草坡之上的主体(玉石);裸露于草坡上的 360 座报告厅(雨花石);围绕于草坡周围的大面积倒影水池。整体建筑采用 9 米×9 米的柱网结构,标准阅览空间层高为 3.5 米~5 米。位于建邺区乐山路 158 号的新馆,2009 年交付使用,2010 年 10 月 18 日举行开放仪式。馆址占地面积 38 641 平方米,总建筑面积 25 165 平方米,内设阅览座位 1400 余个,内设借阅室、报告厅、展览厅、多功能厅、视听室、电子阅览及教育培训服务部门,以及餐厅、茶室、停车场等配套服务设施。馆藏容量 200 余万册,其中国家级善本 5000 余册,有多种古籍文献已列入国家和省珍本名录,珍藏有民国名人专著和孤本拓片等稀见文献约 50 000 余件,是南京及周边地区重要的文献资源保障中心。

图 1　金陵图书馆外观

金陵图书馆新馆,以其独特的建筑外观、优美的阅读环境、先进的设施条件和以人为本的服务理念,为市民提供书刊借阅、参考咨询、信息检索、会议展览、讲座培训及各类读书交流活动。在做好馆内服务的同时,金陵图书馆通过与街道社区合作共建分馆、在地铁设立服务点、建设 24 小时自助图书馆及开展汽车流动借阅等服务措施,推进服务网点建设,在全市设立了 60 余个服务点,形成图书通借通还、资源共建共享的公共服务体系,"金图讲坛"荣获中华人民共和国文化部"群星奖"。按照现代图书馆理念新建的金陵图书馆,为在新世纪的进一步发展和服务提档升级奠定了基础。

1　新馆建筑设计,首要是为图书馆服务能力的提升创造条件

1.1　图书馆的馆舍设施条件必须能满足体量和规模上的要求

馆舍是图书馆的物质载体,是工作人员的工作空间和开展读者服务的主要服务场所。以金陵图书馆为例,从 20 世纪 90 年代中期开始,由于书库面积严重不足,涨库严重,书库的可容纳能力达到了极限,为此,市财政甚至放弃了购书经费以每年 20% 幅度增长的计划;同时,开展阵地服务日益捉襟见肘,每年寒暑假期间,阅览室人满为患,自修室甚至需要排队领号以确保安全,馆舍面积成为制约金陵图书馆发展规模的一个重要的因素。而已建成的金图新馆总投资 2.5 亿,占地 75 亩,内部采用大面积的开架阅览空间,体现了现代公共图书馆以人为本的服务宗旨,成为一个集学习阅读、信息交流、文化休闲等功能为一体的信息化、网络化、智能化、安全环保、具有鲜明时代风格和人文蕴涵的图书馆,成为南京市知识信息枢纽和精神文明建设的重要设施。

1.2　图书馆的现代化技术条件必须能在业务和服务各环节中充分应用

金陵图书馆新馆建设,在一开始的指导思想上就明确,以现代化的技术手段为依托,为实现未来文献信息服务工作的数字化、网络化搭建一个平台。在新馆建设过程中引进各种先进的技术设备,如计算机网络系统、大容量存储系统、卫星传输系统、会议同声翻译系统、会议系统、智能化综合布线系统等,为图书馆的各项工作提供了先进的数字化、网络化、智能化的服务条件。同时,与新馆建设相配套的图书馆自动化、网络化、数字化建

设也大多同步进行,建起计算机信息管理系统,实现业务管理系统、数字图书馆系统、网站系统、办公自动化系统、VOD点播系统、多媒体导读系统、情报服务系统、会议系统、公共广播系统、安保监控系统的初步现代化,并逐步搭建起数字化平台,成为在网络时代实现高起点的文献信息资源共享的重要条件,学习型城市建设中的一个重要组成部分。

1.3　图书馆功能合理布局和创新服务项目必须能支持延伸服务的拓展

传统图书馆的主要职能是保存文化遗产、开展社会教育、传递学术信息、开发智力资源。随着经济社会的不断发展,除了传统的收藏、借阅图书等基本职能,公共图书馆的服务领域和服务功能日益拓展,图书馆不仅为社区居民提供信息资源和终身学习的机会,而且成为社区的信息交流中心、文化教育中心、社区活动中心,公共图书馆更多地承担起社会的文化交流中心的功能。金陵图书馆的新馆建设,使公共图书馆社会服务的功能得到完善,馆舍面积成倍增加,图书馆建筑内可以安排很多供文化交流的空间和设施,如现代化的学术报告厅、多功能厅、社会教育培训中心、展览厅、会议室及相应的设施,等等。为开展丰富多彩的文化教育活动提供了良好的条件。充分利用报告厅、展览厅等空间设施组织各类报告会、讲座展览、电子阅览、影视放映、音乐欣赏,组织形式多样的读书活动,开办多种学历教育与非学历教育培训,向读者提供多种载体、多种途径、多种功能的知识信息文化服务,从而提高市民读书求知的积极性,营造学习型城市的氛围。

2　新馆建筑设计,要在建筑实体形态和内部空间形态上进行全方位的变革

在人类社会的历史发展进程中,图书馆建筑空间形态随着社会、文化、科学技术水平的发展而变化。百年前,我国诞生了近代意义上的图书馆,从古代藏书楼走向了公共建筑类型。20世纪80年代以来,随着经济文化迅速发展与对外交流的扩大,图书馆走向多功能、全开架的现代化新阶段,促进图书馆建筑的现代化,建筑实体形态越来越注重和谐稳重,室内空间环境越来越强调简洁丰富,图书馆建筑常以独特的形态表现其文化特征,注重建筑整体环境。

新世纪的社会变迁、经济发展、技术进步以及审美取向的变化,深刻地改变了人们的学习方式、工作方式和生活方式,影响着图书馆建筑造型与室内空间表现的走向。新结构、新材料的应用,为图书馆建筑创作提供了前所未有的自由度。设备用房、物业用房、地下停车等需求,使图书馆建筑设计中的应用范围大大增加。金陵图书馆的新馆在建筑设计中,其突出倾向为以下几个方面。

2.1　采用"天圆地方"的传统文化元素

纵观自然界,凡是圆形的物体,都具有好动和不稳定的特点,就像日月一般;凡是方形的物体,都具有静止和稳定的特点,就像静静的大地一样。中国传统文化博大精深,有朴素的辩证法色彩,是我国先哲们认识世界的思维方式,几千年的社会实践证明了它的正确性,"天圆地方"是这种学说的一种具体体现。不少建筑设计直接运用方与圆的建筑形象来表达这一传统理念,金陵图书馆的建筑设计也充分体现了这一理念。图书馆是个安静读书的去处,建筑设计上的简约风格可以带给人们平静的心境。所以金陵图书馆的设计者放弃了简单几何形体的呆板乏味的思路,转而追求动势和曲线所展示出的优雅和飘逸,运用单纯的色彩和简单的"圆"和"方"的形状,形成一组金陵图书馆特有的风格。在外形上,报告厅为上圆形,主楼为下方形;正大厅上方为圆形,下方为方形;主楼露天天台为圆形,正大厅上方的空间为方形,等等;还有很多实例,都是在表现金陵图书馆建筑的"天圆地方"人文环境。体现在服务理念的设计和布局上,就是将各层的阅览空间都变为藏阅合一的阅览大厅,逐层退台形式向中庭开放,呈现开放、亲切宜人的室内环境。采用金字塔形,人流量大的阅览室放在低层,研究型的放在高层,阅览室与报告厅、培训中心实行动静分离等。

2.2　融入"滴水穿石"通过读书最终获得成功的寓意

宋代罗大经《鹤林玉露·一钱斩吏》中有"一日一钱,千日千钱,绳锯木断,水滴石穿"的描述,是说用绳子不停地锯木头,木头就会被锯断;水滴不停地滴,能把石头滴穿。比喻虽然力量小,但只要目标专一,持之以恒,坚持不懈,就一定能把艰难的事情办成。运用图书馆设计中,是想表明天天到图书馆读书学习,日积月累,集细微的力量也能成就很大的功劳,图书馆是成才的摇篮,知识的力量最终能使人事业获得成功。

图2　大厅里水滴造型装置

2.3　引入"琢石成玉"的南京地域象征概念

1400多年前,雨花石和南京就联系在一起了。雨花石具有质色纹奇巧美诸胜,是其他玉石种类不能比的。它玉石相间,玉质致密坚硬,滑润光莹,象征伦理道德观念中高尚的品德。雨花石亦成为南京的地域象征。南京的雨花石虽无香无味,却有姿有色而且红颜常驻,永不凋谢,养于清泉,置于案几,令人心旷神怡。

意:用地域特有的雨花石作为契入点,以作为中华民族独特文化结晶的玉石为升华,突显知识的力量来"琢石成玉"。

形:悬浮于草坡之上的主体(立意中的玉石部分)及自然、质朴、裸露于草坡之上的360座报告厅(立意中的雨花石部分),散于草坡,与浮于草坡之上精心雕琢的圆润的玉(建筑主体部分阅览空间)因材质、材色、体量的对比,带来强烈的视觉震撼与冲击。

境:整合的绿化覆土草坡在突显玉石的主体形象的同时,又更好地与周围环境融合。草坡周边的倒影水池,使建筑成为摒弃城市喧哗的知识圣殿与净土。可以想象人们徘徊于这种蕴含着传统文化的建筑空间内,不但获得了知识的力量,精神世界也得到了净化和升华。

意、形、境的整合:建筑形体整合为四部分一层基座(顶面为弧形覆土

089

绿化草坡），弧形绿化草坡与东南向楔形开口均指向奥体中心，形成空间上的导引，同时绿化草坡成为观赏奥体中心的第二层面。主体主入口从世纪轴线南侧进入，绿化草坡南向成弧形，和三面环绕建筑的倒影水池，与世纪轴线之间形成适度张力，建筑注重与世纪轴线的景观关注。

图3　与周边环境融为一体

2.4　强调"博爱博雅"南京市民精神

南京16字市民精神是"开明开放、诚朴诚信、博爱博雅、创业创新"。"开明开放"意味着思想开通，不僵化，不保守，明智宽容，与时俱进。"博爱博雅"意味着博学多才并隐含文雅、雅致的意思，上承古代"仁爱""泛爱众"和"同胞物舆"的胸怀，近承孙中山先生提倡的"天下为公"和"博爱"精神。由此思想，设计体现在：建筑主入口位于南侧由世纪轴线进入，主入口广场成梯形切入建筑内部。草坡东南角留一楔形开口，设对外交流区及主馆次入口，空间上与奥体中心及世纪轴线入口广场对位。草皮覆盖下，大面积的一层，使许多单独分区独立使用的功能，在底层得以解决，避免了因动与静的不同需求带来的相互干扰。

楔形空间北侧为对外交流活动区。包含报告厅、视听室、展厅、多功能活动厅等。这部分功能设单独出入口，独立成区，使用上与图书馆主体相对分离，非常灵活。东南角楔形开口南侧为人员流动量大的报刊阅览室及可望见开放区域的东借阅室。建筑东北角为培训区单独出入口。南向主入口西侧面向世纪轴线部分，因靠近入口，设置视障人士阅览、少儿阅览、少儿活动区域。主体中央设置贯穿二层的中庭大厅，周边布置计算机系统检索区，北侧布置开架书库及闭架书库。建筑的西北角设书籍及工作人员出入口。

建筑与世纪轴线之间设置月牙形倒影水池及陈列式树林，使之与世纪轴线在空间上得到缓冲,同时得到纯净、完整的建筑形象。二、三层为主体阅览空间,四层为闭架书库及图书馆办公用房。二层东侧设休闲空间,与覆土绿化屋面上的观景平台相通。三、四层为建筑外形立意中的玉石部分,外方内圆暗合"天圆地方",周边出挑 12 米,犹如悬浮于草坡之上。绿化草坡的东侧局部下挖,形成半地下室,布置自行车库。主体部分设置一层地下室,布置机动车库及设备用房,机动车库平战结合,设置人防区域。

2.5　突出结构和表皮设计中的节能环保效益

在结构方面,三、四层(立意中"玉"的部分)出挑达 12 米,结构采用筒体支撑钢折架,这样的结构形式,增加了部分造价,但带来了悬挑 12 米所产生的震撼。12 米的出挑与室外尺度及主体体量的关系比较适中。

在表皮方面,引入双层幕墙的概念。它采用两层结构体系,在两层幕墙之间有一定宽度的空气层,空气层的上下部设有进排风口,夏天打开进排风口,利用烟囱效应,实现空气对流,降低幕墙内侧温度达到通风换气节能的效果;冬季关闭进排风口,使幕墙内空气不产生对流,在阳光的照射下,空气层像一个温室,提高了幕墙内侧的温度,减少了室内热量的散失。双层幕墙之间设检修清洗通道也可安置电动遮阳装置。双层幕墙与单层玻璃幕墙相比,采暖可节约能耗 40% ～ 50%,制冷可节约能耗 35% ～ 60%。更重要的是双层幕墙的处理,使立意中"玉"与"雨花石"的外表得以实现。

双层幕墙的设置,在外观上形成纯净晶透、滑润光莹的玉质肌理效果的同时,也大大降低日常营运能耗。覆土绿化屋面在获得良好的保温隔热效果的同时,提供了另一层面的绿化空间及活动空间。

3　结合建设实践,思考我国公共图书馆新馆建设上存在的不足

综观我国现在图书馆的建设,耗资庞大,外观大多嵯峨气派,但容易使人产生拒人千里之外的感觉。对普通市民来讲过于严肃,有距离,缺乏亲和力。长期以来,我国图书馆学强调的是技术研究,疏忽了图书馆的人文实质,疏忽了人文交流服务功能的开发。当今社会纷繁复杂,激烈的竞争、太多的欲望使人们的情感世界产生某些躁动和不安,人们希望有一个理想的人文环境来放松身心,图书馆正是这样一个理想场所。通过人文交流,人们从中获取信息、增长知识、丰富生活、愉悦身心、欣赏文化、提高修养。

建设『有温度的』城市图书馆——金陵图书馆建筑设计思想分析

和谐社会的建设呼唤着文化的人文关怀。

3.1 图书馆馆址的选择

图书馆与市民的地理距离直接导致了人们与公共图书馆越来越远。例如金陵图书馆新馆,有丰富的管理经验与坚定的发展理念,有服务于残障人士的特殊设施、书籍、视听室。每星期还开展讲座,内容全面、涉猎广泛,开讲者大多为各界名人泰斗,吸引了部分市民,为弘扬中华文化做出了贡献。但由于地域不在主城区,交通不便,服务辐射面受限,市民不能够方便到馆,服务职能的发挥明显受到制约。

图书馆建筑要体现人文关怀,首先要把确定馆址的问题放在首位。图书馆的地理位置、地理因素是影响读者使用图书馆的重要因素。路程遥远以及交通不便,会使读者产生不想去、懒得去的念头。所以,图书馆应建在人口比较密集、接近服务对象、交通便利、空气污染较少的中心地带或社区中心,这样才能更好、更方便地为读者服务。

3.2 重视城市文化的表现

当今我国公共图书馆建设需要的不是标志性建筑,而是与城市环境相协调的文化建筑。建筑与城市文化的融合,要求图书馆不能仅仅就个体建筑形态来论高下。图书馆建筑形态表现要与城市规划、环境艺术相结合,并顺应城市的变化发展,从中寻找新的命题。这要求设计者具有综合思想,将城市视为一个有机整体,从城市文化中发掘出其内在因素。这样的建筑形态创新(包括形式、空间、材料等)将呈现更多的合理性,而非主观几何形态的拼接。图书馆建筑作为城市中的文化设施,应体现城市的文化底蕴和精神积淀。一座成功的城市图书馆的落成,不仅完善了城市设施,为市民提供文化场所,同时也为城市和所在的街区环境带来新的生机和活力。

借鉴中西方文化传统,表现本土文化特征,是图书馆建筑实体形态表现的关键。图书馆建筑实体形态表现重视城市综合因素,表现本土文化,才能促进我国图书馆建筑形态的创新发展。

4 结语

图书馆是公共服务体系中重要一员,在这个时代对中华文化的复兴,对提高中国人生活品质、文明修养有不可推卸的社会责任。体现在建筑设计方面,就是要明确以人为本是内部空间形态表现的首要任务。图书馆建筑内部空间环境是社会化的行为场所,其形态设计应该最大限度地满足人们的需求,并充分体现人性化。随着人类社会的进步,人们对图书馆室内环境有了更高的需求,不仅要求空间形态多变与新奇,而且还注重空间环境的舒适度。

图书馆建筑是人流密集的公共场所,空间组织中,从建筑设计思想上,要充分考虑读者阅读习惯和基本行为模式,不仅包括使用者与图书馆公共空间环境中视觉、听觉、触觉的感官关系,而且包括使用者与图书馆设备的关系,体现人性化设计理念,不随意设置隔断,阻隔和封闭空间,创造有序、充满活力的内部空间环境。要坚持以人为本,在服务手段上力求创新,以崭新的办馆条件和环境,为市民提供更贴心的服务,真正成为"有温度的图书馆"。

参考文献

1　王世伟.致力于优雅社会的新加坡公共图书馆[J].图书馆杂志,2005(11):57—60.

2　左平熙.城市公共图书馆建筑生态文化探微[J].农业图书情报学刊,2009,21(1):56—58.

3　郭桂英.公共图书馆在公共文化服务体系建设中的创新与发展[J].河北科技图苑,2008(9):61—69.

4　金陵图书馆.关于本馆[EB/OL].[2014-11-11].http://www.jllib.cn/.

现代与传统的完美结合

——建设中的通州区图书馆

杨兰英

Perfect Combination of Modern and Tradition
—Construction of Tongzhou District Library

Yang Lanying

摘要：在通州图书馆建筑设计过程中，既要弘扬现代设计思想，从宏观上进行合理和可持续发展的总体规划及布局，又要体现出浓郁的地方特色及独特的人文精华，把现代与传统完美结合，并使之贯穿于图书馆建筑设计的每个环节中。笔者通过自己的亲身参与、经历，通过不断的学习、实践、探索和研究，把通州区图书馆新馆建设中的理念、思想、原则以及经验，原原本本的呈现于此，与各位方家共同探讨。

关键词：图书馆建筑，图书馆设计，特色

Abstract：Tongzhou District Library building design, not only advanced the modern design idea, considering the reasonable and sustainable development of the overall planning and layout, but also reflected the rich local flavor and unique culture, with the perfect combination of modern and traditional style. The author gives us true ideas, rules and experience of the library construction, expecting a further discussion.

Keywords：library building, library design, features

图书馆，一个最具有文化色彩的名词，无论是博学多才、有所成就的社会精英，还是默默无闻、简单生活的平凡人物，都与这个名字紧紧相连，都在这个地方镌刻下跋涉者深深的足迹。而城市建筑，有人干脆把它比成了砖石叠成的史书，往大处说，万里长城、北京故宫、承德避暑山庄；从小处说，一座纪念馆、一座追怀先贤的祠堂、抑或一座新落成的市民公园，无不表明着它的文化特征、记录着历史的足迹。人们或许不记得现任的法国总统，但不会不知道巴黎的凯旋门、卢浮宫；人们或许不清楚澳大利亚的首都是哪座城市，但不会不知道矗立在杰克逊海湾的悉尼歌剧院。因为它们在展示美的同时，还担当着承载历史的重任。当图书馆与城市建筑结合在一起的时候，这个最能熏陶心灵和历练智慧的殿堂，就不仅仅是精神食粮的源泉，而早已成为城市生命的联合体，融汇了历史与现实的碰撞与交流，融汇了实践与创新的探索与追求，融汇了一个城市的文明与发展、过去与未来，以及和谐自然的韵律与活力脉动的希望。

杨兰英，北京市通州区图书馆馆长，副研究馆员。Email：tongtu2002@163.com

1　品格

如果说运河是通州的血脉,那么文化就是通州的灵魂。而图书馆则恰恰处于这个文化旋涡的中心。

对于通州来说,绵延了两千多年的文化,既古韵横溢,又伸手可抚。运河写就的繁荣史,以及繁盛时期留下的遗迹,都体现了地域民俗共构的淳朴与厚重,这使得通州的文化建筑必然要体现出浓郁的地方特色,荟萃出独特的人文精华。

这个时候,通州这个独特的文化品格,就已经成为一个特殊的纽带,把各种文化情节组合在一起,赋予了通州图书馆一种更深层次的文化概念。

在此基础上,通州区图书馆的设计就尤其在这个独特的文化品格上下了不少功夫。

首先,它的外部装修融入了通州特有的花丝镶嵌的八大工艺、"一枝塔影认通州"的诗境以及汉代建置的古意等文化元素,体现了时尚与传统的完美结合。同时,外部环境的营造也与装修风格浑然一体,中国传统的玉文化与通州本土的密符扇、运河龙灯、风筝等地域文化相得益彰,体现了中国传统主流文化与地方特色文化的完美结合。其次,内部装修则亦动亦静、色调清新、造型新颖,整体风格也充分体现了通州运河文化的厚重与包容,让人们感到强烈的文化归属感。

最有特色的,当属九层地方文献中心——运河文库了。为使内外、上下整体设计风格保持一致,以运河元素为核心,通过环艺设计布局,以装饰品和家具材质、设计为一个链,串出一串别具一格的特色珠链,成为嵌在运河源头的璀璨明珠。

2　原则

建筑不仅要考虑通州这座新城的特殊品格,同时也要满足日益增长的城市居民文化生活和首都城市副中心发展的内在需求。随着通州新城建设的不断推进,随着市区搬迁居民和外来移民人口的大量涌入,截至 2012 年年底,通州区常住人口已突破了 130 万,这也在一定程度上决定了我区居民年轻人比重加大,对信息的需求量、对服务便利性的要求也相应加大、提高。而图书馆的建筑应该以什么样的原则为基础,才能满足当前乃至未来二十年首都城市副中心的文化需求呢？

2.1　以人为本的原则

"以人为本"，一方面是以人为本的管理模式，图书馆在建筑布局上科学合理，就有利于领导者对有限的人力资源进行有效管理和安排，最大限度挖掘每个管理者的潜力。另一方面就是以人为本的服务理念，即一切为读者考虑，一切为读者服务。在图书馆的建筑设计中，无论是总体布局、建筑造型，还是空间组织、流线安排，甚至设备安装、家具布置、细节处理，都应充分考虑读者的意愿与习惯，以最大限度方便读者利用文献信息、进行文化交流活动为出发点和归宿。设计者应周密规划、精心设计，力争创造光线充足、空气流通、环境安静的阅览场所。

2.2　经济高效的原则

设计时要充分考虑提高有效使用面积，并使各部分交通简捷流畅。设计时要考虑节约管理人力，降低维持费用，节约能源。不能因设计不周而让读者迂回找书，浪费时间，或让工作人员多费劳力，增加劳动强度，降低服务效率。利用系数，藏书、阅览座位与面积、造价之比等指标，应作为图书馆建筑设计评价的主要指标。

2.3　环境协调的原则

图书馆的内外环境设计要达到赏心悦目、陶冶情操、美化环境的效果。所谓协调，一是内外设计装饰、布置要与图书馆的性质相协调，与读者的阅读心理与情趣相协调，二是图书馆的外形、色彩、雕塑等要与通州的地域文化相协调。在设计图书馆时，要特别重视环境设计，将不太好的环境条件经过精心设计变得比较优美。图书馆内外都应该充满着美，显得高雅、宁静、大方，给读者以美的享受，让人流连忘返。

2.4　密切配合的原则

图书馆设计需要图书馆与设计方面，以及规划、施工诸方面的密切配合。理想的新馆建筑是各方力量通力合作的结果。包括各级领导关注；图书馆馆长和全体图书馆人的参与意识；设计人员对图书馆特殊功能要求的了解和付诸实施的程度；图书馆与基建部门和设计人员之间的默契合作，等等。领导重视以及图书馆建筑设计人员与图书馆人的密切合作是基础，是图书馆建筑少留遗憾的关键环节，理想图书馆建筑正是这种合作的典范。

2.5　考虑发展的原则

按照通州区文化委领导的要求,图书馆的建筑设计,必须面对现实,立足长远,适度超前,将图书馆现在和将来的设想结合起来。在统一规划、合理设计的基础上,考虑人力、物力和财力,力争使建成后的新馆作为一个整体仍造型优雅完整,布局合理,集中紧凑,功能完善,至少10年不落后。

2.6　体现环保理念的原则

在图书馆新馆建设中,从雨水的收集利用,中水的循环使用,采暖制冷采用地源热泵系统,粘贴式外墙外保温隔热系统等方面充分体现环保理念,为建成高效、节能、运维合理、持续发展的图书馆打下基础。

2.7　新技术应用的原则

新馆应以技术先进为重点,考虑应用最新的计算机技术,包括无线射频识别(RFID)、3G 网络、无线网络、智能管理系统以及智能设备,开展包括纸张、光盘、电子数据库、WEB、数字电视、电子图书、移动图书馆等多种媒体服务。同时还要设有图书消毒设备,以保障读者的借阅安全,增强员工的安全感。

3　功能

一座优秀的建筑物,首先要有美的外部造型,即在可接受的经济基础上,还要具有一定的艺术性、可观性、环保性,同时还要有较好的内部使用功能:即设计结构的合理性和实用性。图书馆建筑也不例外,它不仅在外部造型设计上要充分地表现图书馆的个性,具有自己的地方特色和运河底蕴,而且在内部使用方面也要适应读者需求的多变性和多样性,在功能上比原馆更具灵活性和多功能性。

3.1　多功能性

图书馆为了自身发展的需要,除提供藏、借、阅、用等基础设施外,还应该在原有基础上增加一些辅助设施,如读者公共活动空间、音乐视听资源阅览厅、穹隆式科普活动厅、展览厅、多功能学术活动厅以及增设和完善多媒体阅览室、培训室,以适应现代化图书馆功能发展的需要。

3.2　符合图书馆的功能定位

功能区域的划分与平面布局必须符合图书馆的功能定位。作为区一级图书馆应该涵盖通州区的文献加工中心、读者服务中心、运河文化服务与研究中心、信息咨询与开发服务中心、公共图书馆体系业务指导中心、图书配送中心、读者阅读活动宣传推广中心、艺术资源阅读视听中心、非特质文化遗产资源阅览中心、数字化信息汇集中心、技术支持中心、文化交流中心、文化教育中心、馆外流通服务中心、全国文化信息资源共享工程支中心、读者指导与馆际协作中心等,图书馆的区域划分要满足图书馆的各项读者服务功能:文献的流通与阅览、数字资源的阅览与检索、视听资料阅览、文献技术服务、读者教育与培训等;满足学生课外学习、学术交流等功能;满足文献储存功能;满足其他行政和业务活动的功能。新馆将不仅是知识、信息殿堂,更是一座全开放的实施人性化服务的,充满现代与人文气息的示范性图书馆,也将成为面向世界的对外交流、文化服务窗口。

3.3　符合开放服务的管理模式

藏、借、阅、咨询及检索五大功能合一、全面开放式的管理模式是现代图书馆服务的发展方向。这种模式充分体现了以读者为中心的服务原则,功能分区与布局也要充分配合这种模式。在每个阅览区域内,都设置咨询服务台,都有电子阅览座位,读者可以在同一阅览区内阅读不同载体类型的文献。读者可以在书刊阅览区内学习,营造"人在书中,书在手旁"的氛围。

3.4　合理的流线

图书馆内的流线可以分成读者流线、文献资料流线和馆员流线。流线设计的原则是不交叉、不迂回、不重叠。应该以读者流线为中心,谋求馆员流线和资料流线的最佳组合。在考虑读者流线时,应该以读者到图书馆后的阅览行为为依据,让读者在服务空间内移动的距离越短越好。因此,读者流量大的阅览区域应靠近主入口。

4　布局

4.1　主要用房布局

通过到其他图书馆参观,大家对馆舍布局的共识是:文献采访部要设置在物流电梯旁,与室外有单独的出入口,使新书到馆后搬运方便,形成与读者互不干扰的文献资源流线。在每层楼设置水房和卫生间,同时馆内需设置网络中控机房、DID 电话中心机房、消防中控室、清洁工具室、配电室、保安室、电梯中控室。

4.2　设备配置

图书馆建筑的设备配置要充分:(1)门禁系统,新馆考虑到与文化馆共用和一站式服务管理模式,东侧的主门门厅内各安装4通道读者身份识别系统、防盗门闸,西侧安装员工身份识别系统和考勤系统;(2)一层东大门外装有无线射频识别(RFID)24小时自助图书馆,各读者借阅服务区域安装RFID自助借还书系统;(3)各楼层安装读者查询系统、自助复印机等;(4)视听设备与音响设备;(5)空调设备;(6)防火防盗安全监测系统设备;(7)图书保护与消毒、通风、温湿度调节系统;(8)通信设备。

4.3　计算机网络设计

图书馆建筑的计算机网络设计是图书馆建筑的核心部分,是图书馆建筑的灵魂,应当与馆舍建筑同步进行。要注意对计算机网络进行整体设计,要考虑整个图书馆有多少藏书,多少服务口,多少工作部位,每个工作口及工作部位的工作量、服务量、需要设几个工作站及多少台电脑或终端,选择多大规模的计算机,什么样的软件系统,如何将这些组成一个科学的网络体系,这是图书馆局域网的设计。另外要考虑到联网,图书馆各部室之间、图书馆与全市公共图书馆之间如何实现资源共享,设计时要充分考虑到以上因素,以便能承担起复杂而繁重的工作任务。

5　特色

早在建馆之初,通州区文化委就提出了这样的要求:"建设与首都城市副中心相匹配的,特色凸显、功能完善、适度超前、品牌突出、可持续发展和力争向国际领先水平靠近的地市级超一流图书馆。"

5.1　建立通州区图书馆数字资源库

国家规定"十二五"期间区市级图书馆数字资源储存量要达到30TB。数字资源是数字图书馆开展服务的基础与前提,是数字图书馆赖以生存的必要条件。创建与众馆不同的最大的"中国大运河数字资源库",完成地市级图书馆国家规定的125TB数字资源储存量,是通州区图书馆新馆走特色办馆的必然之路。目前我馆已初步完成了"运河历史文化信息资源(北运通州部分)"数据库建设方案和部分内容,运河文化展示平台与新馆同时面向公众开放。数据库通过适用的技术手段保护通州区图书馆古籍和珍贵文献,展示中国大运河北运河段主要是北运通州地区文献资源,使之成为展示通州文化精粹、能为国内外广大公众利用,弘扬运河文化的平台。

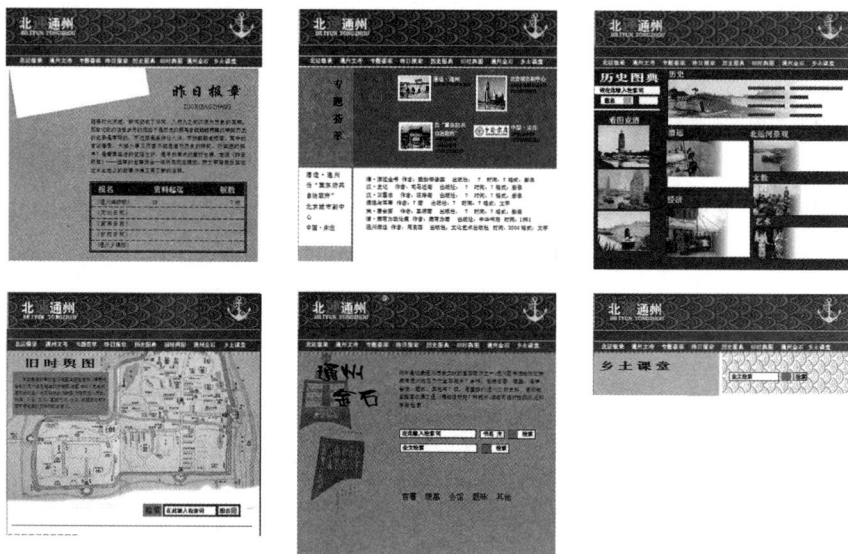

图 1　"运河历史文化信息资源(北运通州部分)"数据库展示平台

5.2　建立数字资源电子服务大厅

(1)通州特有的新馆一层电子服务大厅。为创建人与信息交流的新界面提供了环境基础。在这里集合了文字、图像、影像、声音、交互行为等,形成了一个信息空间,为到馆的公众带来特定的感受,能够有效地传递、收集、阅读、下载和获取信息资源。

(2)设立 LED 信息颁布公告栏。为到馆的读者提供快速浏览、乐于接受的传递平台,呈送精选的网络信息、自建数据库、共享数据库、自购数据库的数字信息。同时,馆内的各种讲座、红读活动、展览等重大活动,通过此平台向外发布。

(3)北运通州新媒体展示平台。通过连屏形式展示北运通州精粹。

(4)公共查询服务。为到馆读者提供书目查询、分类导航、读书指引、新书通报、读者荐购、馆际互借和"我的图书馆",实现多种类型资源的检索服务。

5.3　服务弱势群体

"视障者服务中心"设盲人专用电脑,弱视放大器、盲人复印机等设备。盲人专用电脑配置先进的中文语音系统软件,盲人朋友可以通过读屏软件,免费收听我馆精心准备的电子图书、音乐欣赏、在线讲座等丰富多彩的数字资源。为不能到馆的残障人士提供电话咨询、邮件、微信平台等服务,登录通州图书馆自建、共享、自购的丰富的数字资源,享受与广大读者同样的数字资源服务,为和谐通州建设服务。

5.4　穹隆式少儿科普体验中心

穹隆式少儿科普体验中心,利用通州区图书馆独有的穹隆空间和声、光、电、现代科技3D影像等多媒体设备,通过少年儿童互动式体验,以普及科学知识、提高学生阅读兴趣、激发学生想象力和创造力为目的,是独具特色的少儿科普活动场所。

(1)多功能厅穹顶按主体建筑所留空间制作,直径约8米左右。

(2)用途:科普体验、讲座、培训、科技小制作、学生视听、观摩等。

图2　建设中的穹隆式少儿科普体验中心

101

5.5　引进真人图书馆特色服务

"真人图书馆":为读者提供了一个"借真人"的交流平台。整体设计应温馨、宁静、放松,真人图书馆服务设施除了设有桌椅之外,主要添置录音、录像设备,获取"真人图书馆"的音视频信息。环境设计主要是把日常生活常用的物件进行装饰、展陈,如:一把炒菜勺,可以引发一道美食的诞生;一个小药瓶,可以引发一个病例的治疗过程,一盏破旧的马灯,可以追忆过去生活的流金岁月,等等。

5.6　开设特色阅览室

(1)设置"多种语言"服务特区

通州区作为首都城市副中心服务人口已过130万。运河核心区在功能上将充分承接中心城的行政、商务、商贸、文化创意等功能,与CBD东扩相呼应,打造更高端的商务环境,形成面向渤海湾与东北亚的"首都门户",各种国际会议、高端商贸和高档水景公寓、高档居住楼房,吸引国外领先行业入驻。为这一特殊人群设立多种语言服务区是新馆建设的亮点之一。

多种语言服务区,设有英语、法语、德语、韩语、日语等图书专架,还设有各种语言电子阅读角。环境装置有明显的欧式风格,为这一地区居住的外国人找到回家的感觉,为国内读者学习语言提供交流平台。

(2)依据地区需求,设置"艺术设计图书阅览区"

宋庄是当代艺术家集聚的地区。当前在宋庄生活与创作的艺术家超过5000多位,囊括绘画、雕塑、音乐、诗歌、电影等艺术门类;美术馆近20家;画廊140余家,是世界范围内原创艺术家最为聚集的区域;按照通州副中心建设规划,通州将建成世界上规模最大、影响最大的一流设计园区,利用艺术数据库和艺术图书,为艺术爱好者和设计从业者服务,成为我馆新馆建设为这一特殊群体服务的亮点之一。

5.7　大学生社会实践基地

为大学生的社会实践活动提供平台,使之了解副中心建设,树立知家乡、爱家乡、建设家乡的责任意识。利用大学生的所学专长拓展图书馆服务领域,提升服务能力,提高志愿者队伍的综合素质。

5.8　运河特色景观的地方文献中心——运河文库

老馆的地方文献中心——运河文库,因其浓郁的地域特色给到馆读者和来馆参观人员留下了深刻而又美好的印象。新馆创建的有运河特色景观的运河文库,利用主体建筑特殊结构,因势利导设有具有地方建筑风格的运河小院,小院包含门楼、围墙、垂柳、方桌、乘凉的躺椅、马扎、蒲扇等运河特色元素。利用采光筒的特殊结构,设立玻璃文化墙,表现氤氲大运河森林公园景观,创造坐在大运河边查阅的特色环境,使其成为通州独有特色。

5.9　文化书墙

在不影响藏书量的前提下,书墙设计采用不稳定的现代设计方法。

书墙上空的方块构成,采用中国古代四大发明之一汉代毕昇的活字印刷进行设计,更有其实际意义。

墙体中渗透中国文字演变过程,有广泛的文化内涵。(文字演变过程:历史文献中记载,上古时期的结绳记事;新石器时代的刻绘符号;商周时期的图形文字;春秋战国的鸟虫文;秦汉时期的篆书)

文字的处理方法采用浮雕、刻绘、PVC板雕刻等方法制作。

文字的排列构成,严格按印刷检字版排列构成。

色彩采用新石器时代的彩陶基调,或采用纯白色均可。

由书架渐变成方块,由文字渐变成图书的书墙书架设计,是通州图书馆书架书墙的最大特色亮点。

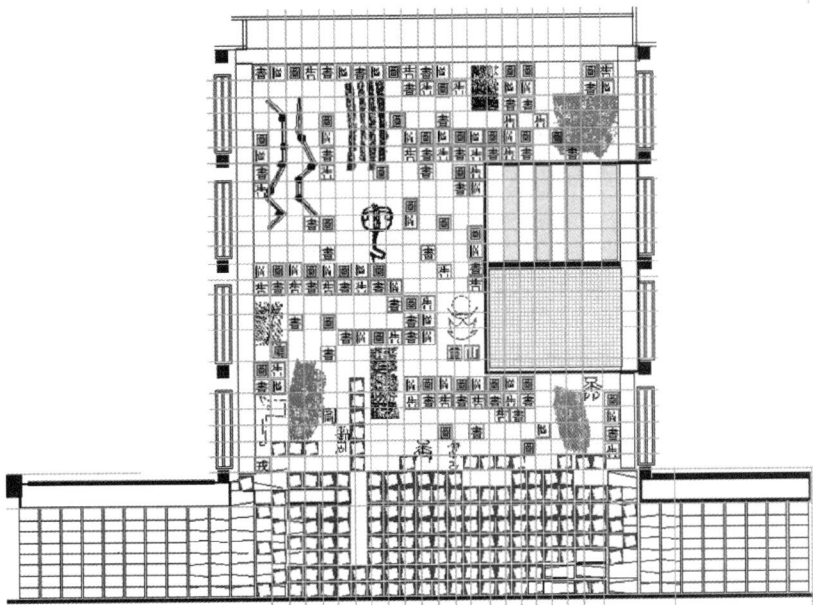

图3　文化书墙设计图

图4　文化书墙效果图

5.10　全媒体体验中心

通过把电脑、平板电脑、触摸屏、高清数字电视集中在一个平面区域内,集中展示音乐图书馆音乐欣赏、北运通州数据库视频库、掌上阅读(移动图书馆)、电子书借阅、交互式数字电视图书馆服务等多种体验服务,为打造与首都副中心相匹配的文化通州、和谐通州创造泛在化阅读环境。

"合抱之木,生于毫末;九层之台,起于累土。"通州图书馆的每一个细节都是一种力量,也是决定成败的关键。它绝不是流于表面、刻意雕琢的,而是细腻真实、深入骨髓的,足具教人从灵魂深处产生感动和景仰之情的独特魅力。

这些细节,体现在通州区委、区政府正确的规划、投入、设计、建设上;体现在通州深厚的文化底蕴上;体现在运河悠久的漕运历史上;体现在图书馆的远见卓识和员工的勤奋不息上;还体现在每一位读者的支持和挚爱上。

这个时候,它是图书馆,但又绝不仅仅是图书馆,对于一座城市来说,它已然成为我们的一种生活方式、一段成长的记忆、一个灵魂与梦想的栖居地。

参考文献

1　沈小丁.湖南省永州市公共图书馆参察报告[J].图书馆,2002(6):83—86.

2　万群华.论湖北省图书馆新馆建筑与人文关怀[J].图书馆,2014(1):110—112.

3　张伟,刘思弘.公共图书馆创新服务的思考与实践——以上海浦东图书馆为例[J].

　　浦东开发,2010(12):48—50.

现代与传统的完美结合——建设中的通州区图书馆

自然的回归，智慧的推送
——南通市图书馆新馆建设实践中的认识

朱志强　　袁轶男

Return to Nature and Promotion of Intelligence
—The thinking of the Construction of Nantong Library

Zhu Zhiqiang　　Yuan Yinan

摘要：近年来，中国城市图书馆在"文化大发展大繁荣"的政策号令以及地方经济发展的双轮驱动下，表现出规划投入多、建设速度快、建筑体量大、装修多豪华、智能水平高等现象。以南通市图书馆新馆建设为例，对这一现象冷静地思考，图书馆的建设应该自然地回归理性创造，回归生态自然；智慧图书馆的打造应以数字图书馆和移动图书馆建设为基础。

关键词：新馆建设，自然，智慧，实践，认识

Abstract：In recent years, with the culture prosperity and the fast pace of economy development, city libraries undergo rapid development, which bring about high investment, large building, upscale decoration, high level of intelligence, and fast construction, etc. Take the construction of Nantong Library as an example, the author believes that library construction should return to rationality while intelligence library development should be based on the well construction of digital libraries and mobile libraries.

Keywords：the construction of new library, nature, intelligence, practice, recognition

千年图书馆传承文明的记忆与科技的进步，新网络信息时代将会对传统图书馆产生颠覆性的变革。城市图书馆在文化大发展大繁荣的政策号令以及地方经济发展的双轮驱动下，显示出规划投入多、建设速度快、建筑体量大、装修多豪华、智能水平高等现象。政府决策者、社会公众、图书馆业内人士对建筑的体量、数字图书馆建设的偏重多有不同认识。南通市图书馆新馆建设已近竣工，开馆在即，回头对建设过程冷静思考，虽然在图书馆建设的论证过程中，多以专家领导的权威决策而定夺，也有许多观点是在争议中、刍议的留存中向前推进的，但是还是深深体会到：图书馆的建设应该自然地回归理性创造，回归生态自然；推进智慧城市建设这一共同愿景离不开智慧图书馆建设。本文试图从以下四方面论述之。

1　南通市图书馆新馆建设的总体概况与特征

1.1　新馆建设的总体概况

南通濒江临海，居上海北岸，经苏通大桥、崇启大桥 1 小时可达上海。南通市图书馆新馆规划在新

朱志强，南通市图书馆副馆长、党委书记，副研究馆员。Email：253652468@ qq. com

袁轶男，南通市图书馆参考咨询部副主任，馆员。

城区的核心地段,市政府前世纪大道南侧,绿色广场景观中轴线东侧,以南通市图书馆暨综合服务中心项目立项申报,2010 年元月 18 日奠基,历经一年的建设手续审批,2011 年 8 月正式开工建设,至 2014 年 7 月基本竣工搬迁。工程总建设体量 11.8 万平方米,总投资 5.7 亿元人民币,建筑高度99.8 米。地下室二层为停车场与应急发电机组用房,地面 26 层中 1 层半至 5 层裙楼为南通市图书馆,另 22 层半为市级机关局部委办的综合办公用房。图书馆的建筑面积 28 000 平方米,其中:南通市图书馆 25 500 平方米,南通市少年儿童图书馆 2500 平方米。两馆原为正科级独立建制单位,2014 年 3 月,南通市政府编制委员会一纸文件又将两馆合并成"一套班子两块牌子"。建设过程中,市图书馆有专业技术人员参与功能需求论证及建设管理。

图 1　南通市图书馆新馆西立面效果图

1.2　新馆建设的总体特征

综合楼外形为裙楼加两座塔楼,寓意为"书山有路勤为径"。在设计、建设、使用、管理、消防等多个方面凸显现代化、人文化、生态化、低碳化、数字化、智能化和休闲化、安全性的理念,以独特的艺术造型,大开放的空间,智能化的楼宇,数字化的体验,一站式的服务,与新城区景观及周边文化设施融为一体,成为新的城市高雅文化标志。新馆同时也是一座融合计算机技术、数字网络通信、无线覆盖、多媒体展示、移动图书馆等高科技手段建

107

自然的回归,智慧的推送——南通市图书馆新馆建设实践中的认识

造的数字化图书馆。数字图书馆中拥有电子图书、期刊、动漫、学术论文数据库、随书光盘在内的多种数字信息资源，可通过电子读报机查阅国内发行的将近数百种电子报纸，实现 RFID(无线射频识别)系统的应用，通过自助借还提供快捷、方便的借阅服务。同时，运用 Vod 影视点播、大屏显示系统、现场直播和互联网直播，科技引导、全民阅读推广等多种手段全方位为用户提供多媒体信息资源，体现了珍藏文献、科技建馆、智慧服务的建设初衷，体现了城市公共图书馆先进的服务理念。

图 2　南通市图书馆新馆整体效果图

表 1　新馆建设主要数据表

项目名称	数量	投资(应用)规模	项目名称	数量	投资(应用)规模
基础建设	28 000m²	约 2 亿人民币	装修预算	600 元/m²	1680 万元
阅览席位	2000 个	成人 1680 位、少儿 320 位	实际装修	1000 元/m²	2800 万元
电子阅览	200 台电脑	2160 个点位	无线接入点 AP	120 只	可供 4000—6000 读者使用
机房存储	160TB	满足 5 年使用	家具购置	2000 套	960 万元
数字智能化投入	机房 120m²	1610 万元,万兆接入,局域万兆	RFID 系统(含芯片)	15 套(40 万芯片)	370 万元
人文景观	10 000m²	450 万元	少儿活动区装修及成套设备	1200m²	760 万元

从表 1 中,我们可以看出,基建(土建、装修、消防、楼宇智能、中央空调、水电等)部分是整个工程的主要投入,占总投资的 83.61%;在后续的设施设备、阅览桌椅、数字智能化方面的投入,数字智能化的投入已占 41.1%。这从一个方面反映数字智能化建设在新馆投入中的比重,也反映了数字图书馆建设的起点是比较高的。

图 3　多媒体阅览室造型各异的休闲靠椅

2　图书馆建设的理性把握——自然的回归

2.1　空间力求满足需求而不贪大求洋

（1）大厅和阅览空间：图书馆大厅是读者通向图书馆的第一扇大门，也是图书馆空间的第一道亮丽风景线，大厅除了体现当地的人文特色外，以动态常态为主，除常规功能外，我们设有新技术体验区和水吧（咖啡、茶水、点心）等。我们考虑到三方面细节：一是大门是朝西向的，寒冷的冬天可能有北风的灌入，大门是双套自动递开的；二是多功能报告厅在二楼，活动时为了不影响读者，采用双层隔音；三是整个区域将动态集中在二楼，为图书馆以后 24 小时开放做好准备。通过这些细致入微的思考和简约的布局，读者精神愉悦、方便阅读、悠然自得。阅览区分现代技术云集的多媒体阅览室、地方特色的地方文献和古籍阅览室，运用现代空间模数设计在满足图书馆基本空间需求的同时，也可以相互交叉组合，形成更多的空间类型，配备了 1600 个网络终端和 200 台电脑，整个阅览区域做到 120 个 AP 无线全覆盖，在多媒体阅览室配以太空椅等形成休闲型的数字阅览空间。研究空间分为：个人研究室——某段时间内，固定的独立进行研究活动的房间，一般设置在相对安静的区域；团体研究室——集体学习或几个人一起使用图书馆资料进行研究活动的房间。终端接入、体现雅静、互不干扰。

（2）藏书空间：虽然开架书库已成为现代图书馆的主流，但对于大中型图书馆来说基本的藏书区仍是必不可少的。今后随着数字化信息化时代的发展，图书馆更有可能成为"信息超市""信息仓库"，以至发展成多媒体图书馆，但以地方特色为主的藏书是万古不变的，国家图书馆以"国内收全，国外收精"为藏书理念，地区性图书馆根据经济能力和地方服务方向做到"地区收齐，兼顾大众、保持特色"是基本方向。RFID 系统的运用，芯片标识给每一本书装上了"GPS"定位系统，方便查找，方便盘点，也给馆员管理带来巨大的工作量。

（3）公共休闲、办公空间：休闲区域是图书馆的活动和交流中心，在空间形态上体现休闲性、交流性和共享性，通常营造出一种自由的阅读氛围。比如读书沙龙、展示空间、休闲长廊等，在资源共享的今天，这类场所已成为图书馆必不可少的空间。杭州图书馆有一理念，将 95% 的空间让给读者,这是一个不错的选择,但图书馆员群体应有一个灵活支配的空间,在便于办公管理的同时,激发馆员进行更多的学术研究与文化策划。

2.2 装修融合生态自然而少奢侈浪费

(1)自然通风:当前,现代化公共建筑及办公环境几乎都建立在一种奢华的消费方式上。建筑物外观宏伟,内部布置豪华,里面恒温恒湿、四季如春。鉴于幕墙装修的需要,窗户都只能开一小缝,人们在自己筑建的密不透风的空间里享受着冬暖夏凉的"幸福生活"。殊不知没有自然风的透入,图书馆人流量大,开馆时间长,容易造成图书馆内空气污染,使在馆人群多有不适。所以我们在设计时应该充分考虑自然通风,比如在设计建筑物的朝向,建筑物门窗的朝向、面积、开启方式位置上一定要动脑筋,最好是要南北通透,充分利用好"穿堂风"这一自然特点。同时我们在设计吊顶造型时要尽量根据建筑物的使用功能和空间尺度确定合适的感觉舒适的高度。扩大自然通风的面积,这对于提高室内空气质量、减少有害气体对人体危害很重要。

(2)自然采光:自然采光是建筑设计者首先要考虑的问题,因为光线是人视觉感知的基本因素。但目前图书馆建筑多采取大空间、全封闭的幕墙玻璃,过分追求馆舍外观,造成阅览空间和自由活动空间布局不合理,导致自然采光不均匀,且室内都采用高亮度灯光照明。这样不但降低了舒适度,也忽视了节能环保,易产生对读者视力的伤害等问题。鉴于此我们可以采用高空间的中庭天窗来贯穿多个层面承接自然光,同时考虑到夏天的直射温度,在天窗上装有可自动控制的遮阳卷帘,大大减少通过玻璃透射带来的热量。国外图书馆在这方面创造了各种各样的方式,很值得我们借鉴,比如:德国国家图书馆双层的玻璃穹顶大厅,不但体现了古典公共建筑设计特色,而且也是整个图书馆的采光中心;瑞典玛尔默市立图书馆内有一个被称作"光之日历"的大空间,光线折射出树叶的颜色,随着季节、时间的不同而不断变幻,既充分享受到了自然光又使读者心情愉悦。

(3)绿色植物:绿色建筑不仅仅体现在自然采光、自然通风、自然调温、节能、节水、节材,同时兼有优美清雅的馆外环境和足够的植物配置以及丰富的人文景观。首先外部植被布局往往直接给读者强烈的认知与记忆,国内外有很多成功的例子,比如:集建筑、技术、生态设计成功融合为一体的荷兰的代尔福特大学技术图书馆,它几面皆为巨大的玻璃幕墙,另一面则

111

倾斜成为大楼屋顶，并继续延伸使整个屋顶与地面合而为一，形成一个大草坪，将建筑底部覆盖，被誉为目前世界上最具有未来派艺术特征；苏州图书馆设计时采取"分散布局，围园建筑"的设计思路，形成"馆中有园，园中有馆"理想格局，真正做到"以人为本，人与自然环境的共生"，充分满足了人们回归大自然的需求，起到抚慰人心、陶冶情趣的作用。内部绿化，新馆尤为重要，可以调节室温，释放大量的氧气并吸收二氧化碳，清除甲醛、苯和空气中的细菌等有害物质，提高空气质量。

图 4 苏州图书馆

3 未来图书馆的发展趋势——智慧图书馆

2008 年 11 月，在纽约召开的外国关系理事会上，IBM 提出了"智慧的地球"这一理念，随即引发了智慧城市建设的热潮。我国在 2011 年城市化率达到 51.27%，处于城镇化快速发展阶段的我国，城镇人口已超过农村人口，这是中国社会结构的一个历史性变化。所以，城市现代化建设正在逐步进入"智慧城市"的崭新阶段，北京、上海、广州、深圳、宁波等多个城市相继提出了建设"智慧城市"的战略构想。图书馆作为城市公共文化服务体系的重要组成部分，对城市的现代化建设有着不容忽视的促进作用。目前业界对智慧图书馆还没有一个确切的定义，但数字图书馆建设、移动图书馆建设已经成为现代数字城市、智慧城市建设的重要内容。

3.1 数字图书馆建设

数字图书馆是指用数字技术处理和存储各种图文并茂文献的图书馆，实质上是一种多媒体制作的分布式信息系统。它把各种不同载体、不同地理位置的信息资源用数字技术存贮，以便于跨越区域、面向对象的网络查询和传播。南通市数字图书馆平台是一个能够针对整个南通地区800万

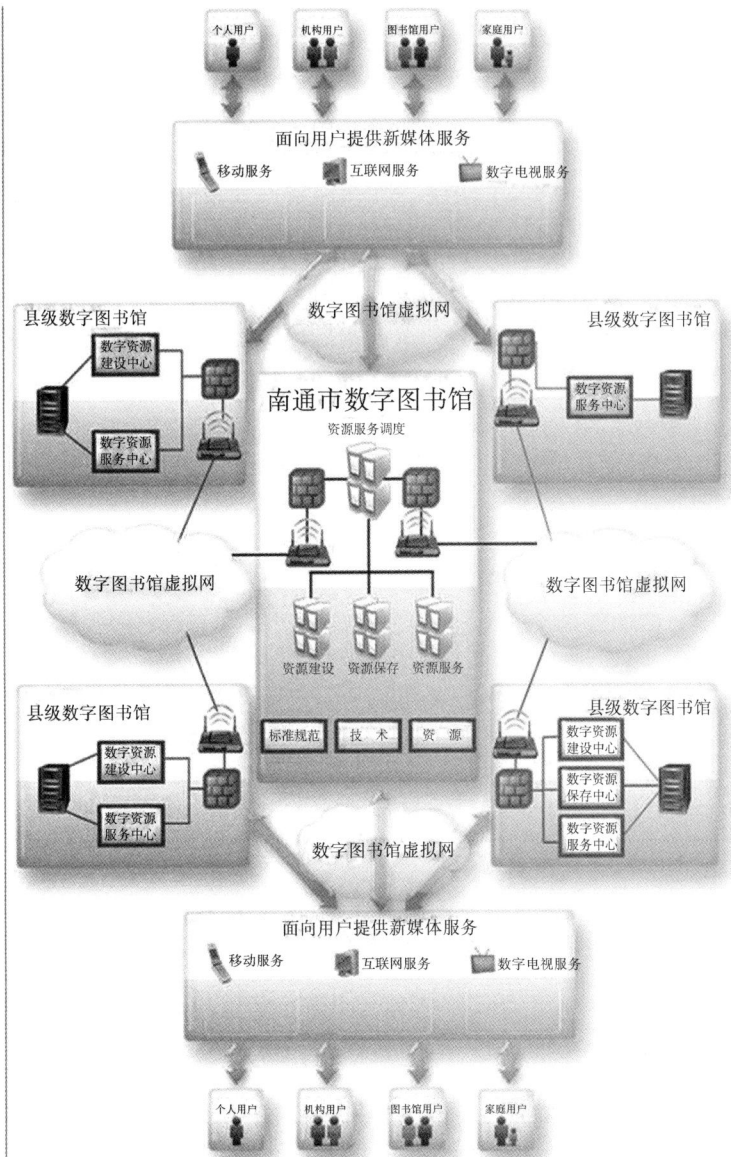

图5 南通市数字图书馆拓扑图

自然的回归，智慧的推送——南通市图书馆新馆建设实践中的认识

113

人民不同人群不同需求提供个性化、专业化、无障碍应用服务的以南通市馆为中心、市县图书馆为分中心的数字资源加工和服务为一体的虚拟图书馆。广泛运用包括云计算、虚拟化、WEB2.0、高速宽带和 3G 网络、服务器集群、海量存储等各种高新技术，依托互联网、移动通讯网、广电网等网络通道，使用计算机、手机、智能移动终端、数字电视等各种终端都能方便快捷连接访问，最终实现门户网站、数字资源网站、共享工程网站三方资源的整合。

3.2　移动图书馆建设

移动图书馆建设，以读者为中心，为读者提供满意、高效的服务，满足读者移动信息服务需求，集阅读、查询、检索各种功能于一体，实现的功能如下：

（1）让读者在任何时间、任何地点享受到图书馆的服务，一直都是图书馆服务追求的目标。满足各类消费读者群体的阅读，兼容各类手持阅读设备，让读者根据自己使用的普通手机、触摸屏手机、iPhone、iPad、iPod、Kindle、基于 android 的移动终端等各类手持设备自由选择适合自己的应用环境（Symbian，IOS，Android，windows mobile，Linux 等）。突破各种数据格式的限制，实现随时随地的阅读服务。

（2）与 OPAC 系统的集成，实现纸质馆藏文献的移动检索与自助服务。与力博图书馆管理系统的无缝对接，实现手机端的查询、预约、续借等纸质图书的借阅功能。

（3）与数字图书馆门户集成，实现电子资源的一站式检索与全文移动阅读。必须能够提供自建数据库和外购数字资源的图书、期刊（包括外刊）、论文（包括外文论文）、视频等数据库资源的同构统一检索服务，使各类不同结构的数字资源在手持设备上可以统一显示。

（4）构建读者信息交流互动平台，实现公告信息发布与读者个性化服务定制。用户可定制讲座、公告、通知等短信，可将各种讲座、公告信息、新书介绍等主题内容利用手机客户端主动推送到用户手机上。系统管理员也可以根据不同身份的用户，分组发送不同内容的信息来实现最精准的推送。

4　新馆建设中体会

新馆建设，对我们图书馆人来说，并不十分专业，也是多少年遇到一回。政府部门可能有他们的决策程序,但图书馆人要有"挤劲",挤进去了才有话语权;图书馆人要敢于表述,要坚定地将心中梦想的图书馆勾画出来;图书馆人的意识要超前,大胆设想、小心求证;图书馆人要传播科技,更要融入自然、倡导生态;图书馆人要理论前行,更要将论文写在大地上。如此,才会出现更多的自然图书馆、智慧图书馆。

参考文献

1   王世伟. 世界著名城市图书馆[M]. 上海:上海科学技术文献出版社,2006.

2   顾建新. 图书馆建筑的发展[M]. 上海:上海科学技术文献出版社,2006.

3   国家图书馆外文采编部. 数字时代的文献资源建设[M]. 北京:国家图书馆出版社,2012.

4   吴建中. 世界经典图书馆建筑[M]. 上海:上海科学技术文献出版社,2006.

5   陈虹涛. 绿色生态的图书馆建筑[J]. 图书馆建设,2007(1):19—24.

6   陈虹涛. 物联网环境下智慧图书馆的特点——发展现状及前景展望[J]. 现代情报,2012(5):48—50.

自然的回归,智慧的推送——南通市图书馆新馆建设实践中的认识

115

图书馆建筑对功能的支撑作用研究

——以广州图书馆新馆为例

王永东

Study on the Role of Library Building in Supporting Library Function

—Take Guangzhou Library as An Example

Wang Yongdong

摘要：本文主要从广州图书馆新馆建筑的设计特点出发、结合新馆先进的服务理念和功能设计，来论述新馆建筑对功能的支撑作用。

关键词：建筑设计特点，服务理念，功能设计，支撑功能

Abstract：This article explores the role of library buildings in supporting the library's function, from the design features of Guangzhou new library building and the new advanced service concept and the function design.

Keywords：design features, service concept, function design, support function

广州图书馆新馆（以下简称新馆）利用优越的地理位置，独特的建筑外形和风格，在建筑功能上，较好地为读者服务创新创造了有利的物质条件，新馆依赖于得天独厚的天时地利人和，吸引了众多的读者到馆。新馆在 2012 年 12 月 28 日部分（借阅）开放，2013 年 6 月 23 日全面开放，至 2013 年年底新馆的新注册读者量为 41.77 万个，比广州图书馆旧馆过去 30 年的注册读者总量 39 万还要多。从 2012 年 12 月 28 日至 2013 年 12 月 31 日，总共 320 个开放日内，新馆的接待总量达到 433.87 万人次，日均接待量为 1.36 万人次。其中 2013 年 7 月 21 日接待量最高，达到 3.91 万人次，新馆的服务已经得到国内同行的认可。下面本文就广州图书馆新馆建筑如何支撑图书馆功能的发挥和服务的开展进行探讨。

王永东，广州图书馆馆长助理，副研究馆员。Email：113416922@qq.com

图书馆建筑对功能的支撑作用研究——以广州图书馆新馆为例

1　新馆的建筑设计特点

1.1　优越的地理位置为建筑风格提供了良好的定位

珠江新城 CBD 位于广州市城市新中轴线的南端,地理位置优越,隔江对岸有广州市最高的建筑物——600 米高的广州塔。珠江新城的最南面是广州市承办第 16 届亚洲运动会开幕式的主会场,在地面有四大公共文化建筑,其中在新中轴线的东面有广东省博物馆和广州图书馆新馆,西面有大剧院和第二少年宫。在四大公共建筑之间是一个花城广场。广场的负一层是商业中心,负二层是地下停车场,负三层有两条地铁和一条 MPA(无人驾驶地铁)经过,读者和观光旅客可以方便地搭乘公共交通工具到此区域。读者可以从地面步行或搭乘公共交通从首层或负一层进入,也可以自行开车到珠江新城,由负三层直接进入新馆停车场,优越的地理位置为读者提供了便捷的到馆方式,也为图书馆吸引更多的读者提供了客观的有利条件。

1.2　充满现代气息、文化符号象征的设计元素展现了新馆的人文形象

广州图书馆新馆的建筑构思是美丽的书籍——一册一册不同题材、不同内容的书籍,散发着纸和油墨的芬芳,整齐而安静地并列在一排一排的书架上——让读者感受到文化和知识的气息。外观采用石材的随机堆砌,让人联想堆积起来的书本,让读者感受到文化的历史沉积。以朴素的外观吸引人们去走近和探索。建筑外观寓意书籍层叠的造型,形成具有雕塑性的粗犷外表形象,并以全国最大倾斜 19 度的建筑体量,体现现代建筑的动感精神。如果从高空俯瞰,你会发现广州图书馆呈现出汉字“之”的造型,极具线条美感的优雅“之”字,打破了传统图书馆古老、厚实、封闭的刻板印象,也带来更加自由、开放的空间。建筑同时融入骑楼等文化元素,体现了岭南建筑艺术特色。通高的中庭设计,通透的天窗、幕墙,通行的南北连廊,简洁的色彩运用,开放的楼层空间,无不体现出现代、时尚的建筑风格,对公众具有强烈的吸引力。

117

专家对此建筑的评价是:造型独特,有较强的视觉冲击力和丰富的室内外空间效果。即便毗邻广州塔、大剧院、广东省博物馆、第二少年宫等众多造型奇特的建筑中,广州图书馆新馆还是会让人眼前一亮。

图 1　图书馆外景

1.3　别具一格的建筑特色增添了图书馆的魅力

在平面布局方面，以"之"字形布局的三个空间中，南楼八层高 40 米，长约 130 米，宽约 10 米左右。北塔十层高 50 米，长约 135 米，宽为 35 米左

图 2　图书馆中庭

右。南楼与北楼七层以下是两幢独立的建筑物,南北两楼在八层的东面相互连接,中间部分通过万铰和连杆对接合拢而成,实现了整体结构的稳定和安全,西面的区域开放而形成一个 V 字形的平面,形成复杂而新颖的建筑结构。北楼的空间在中间位置东西两侧分别掏空为采光带,使北楼宽大的建筑体中增加了不少自然采光。首层设计约 2000 平方米大型的入口大堂和中庭,以建筑 40 米通高的共享中庭形式,不仅能够增加室内空间的采光,更能够构建一个流畅的交通空间和视觉空间,体现现代图书馆的气魄与空间魅力。2013 年,广州图书馆新馆被广东省图书馆学会评为"广东十大最美图书馆建筑"之一。

2　广州图书馆新馆的服务理念与功能设计

2.1　先进的服务理念

开放、平等、公益,阅读、交流、分享。愿景:连接世界智慧,丰富阅读生活。目标:建设国内一流、国际先进的国家中心城市图书馆。开放度、便利化提升到新水平,新馆可提供给读者借阅的图书资源占馆藏文献 70% 以上实现开架借阅,开架文献达到 300 万册以上,可外借文献超过 200 万册。开放的空间最高,除办公区和书库外,由负二层至九层所有公共空间全开

图3　公共服务空间全开放

119

図書館建築対功能的支撑作用研究——以広州図書館新館為例

放,包括地下停车场,开放面积占馆舍面积85%。公益程度高,全面推行免押金注册政策,市民可凭身份证或社保卡在馆内外通过自助设备直接注册,也可以通过远程网络或邮寄方式注册,读者证一次最多可外借 15 册。基本服务自助化程度高,无论是办理借书证还是借还图书、无论图书预约还是取书、无论是开着车,在车上坐着还书还是到馆内还书,都可以采取自助方式办理。馆内无线与有线网络全覆盖公益化达到发达国家水平。外地读者也可以免押金免费办理图书证,可以让全国和世界各国人民分享广州市改革开放带来的文化红利,充分显示广州国家中心城市和国际城市海纳百川的包容之心。

2.2　五大使命

新馆建设紧密地围绕着《广州图书馆2011—2015 年发展规划》中的五大使命。(1)知识信息枢纽。收集、组织、存贮、传递人类知识记录和社会公共信息,通过馆藏、服务与全球图书馆体系、知识网络的连接,为市民和读者提供完整、便利的知识服务,使图书馆成为市民和城市的咨询中心;(2)终身学习空间。为市民和读者提供终身学习的资源和空间,为学校教育提供支持,促进学习型社会的建设,促进市民和读者对知识的追求,创新及各方面素养的提升,成为没有围墙的大学;(3)促进阅读主体。在文化名城"书香羊城"的建设中发挥主导性作用,通过推广各种读者活动,宣扬"阅读丰富生活"的理念,促进各年龄群体培养和保持良好的阅读习惯,营造良好的社会阅读氛围,使阅读成为市民生活中不可或缺的一部分;(4)多元文化窗口。汇集和展示本地、都市和世界多元文化氛围,提供文献、信息、讲座、展览等多样化的服务,推进社会多元文化的交流,支持城市的对外文化交流与合作提供场所,涵养广州市开放、包容的城市个性;(5)区域中心图书馆。作为广州地区中心图书馆,为广州市区、县级市等基层图书馆提供资源共享,推进区域内图书馆之间的合作,提升图书馆整体的社会服务,实现图书资源通借通还,推动总分馆体系建设。

2.3　四大功能分区

新馆建设围绕着创新的服务理念和五大功能,在功能设计和布局中着重设立大众服务区、专题服务区、对象服务区、交流服务区等四大功能分区。其中大众服务区主要提供报刊、普通音像资料外借、文学图书、考试专题图书和综合图书,主要提供传统的图书借阅服务;专题服务区主要提供本土文化、都市文化和多元文化。其中本土文化包括广州人文馆、《广州大典》与广州历史文化研究基地、家谱查询中心和广州非物质文化遗产常设展览,营造多元文化服务界面与环境氛围,建立多元文化服务支撑体系;都市文化包括休闲生活馆、创意设计馆和影音鉴赏区、广州国际纪录片节展示服务中心,倡导现代都市文化;对象服务区主要提供视障人士服务区、亲子绘本阅读馆、儿童玩具图书馆、南方(分级阅读)悦读馆、信息技能学习区和阅读体验区;交流服务区主要提供学术报告厅、展览厅和专家多人交流室,举办"羊城学堂"公益讲座项目。通过以上分区设置,可以保证新馆业务的正常开展。

3　新馆建筑对功能的支撑

3.1　建筑对开放、平等服务的支撑

为特殊群体提供开放平等的无障碍服务。在设计无障碍服务设施之初,专门上门征求残联主席对新馆在无障碍方面的规范和要求,盲人可通过标准盲道方便准确进入视障人士服务区进行阅读,提供盲人读屏软件。为残障人士服务中,电梯上设置了方便轮椅读者按钮装置,在书架布局上增加了书架之间的行距到 1.15 米,使乘坐轮椅的读者可以方便地进入书架中间选取所需要的图书。在新馆建设完成后,特意请残联主席再次到新馆体验和提出整改意见。2014 年 4 月,美国最重要的残疾人法案——残疾人教育法案的撰写者,世界银行首位"残疾与发展顾问",现为美国总统奥巴马任命的"美国国务院国际残疾人权益特别顾问"Judith Heumann,特意到新馆来"挑刺",检查新馆为残疾人提供服务的软硬件,得到较为满意的结果。在广州图书馆已注册的视障读者只需拨打 83836666 转 1071,就能在家里办理好盲文图书、有声读物的外借手续,邮政人员将上门把阅读资料包送达读者手中。还书时,只需致电广州图书馆,邮政人员会上门收取并送回广图。新馆在建设中无不体现开放、平等、无障碍服务的理念。

3.2　建筑对提供未成年读者阅读服务的支撑

强化为未成年人服务的功能。在亲子绘本阅读馆,馆内的阅览设备无论是形状新奇颜色缤纷的书架和圆角的阅览台椅,无不体现迎合少年儿童个性的人性化设计;玩具图书馆内的各类玩具为儿童提供一个动手、交流、合作的游戏新模式,发掘孩子的智能强项,并促进其他智能共同发展,增加

121

小朋友来图书馆求知的乐趣,吸引了众多的小读者进馆后而不肯离去。据统计未成年人注册数、读者人均访问广州图书馆的次数、人均外借文献量分别是成年人的 1.40 倍、1.71 倍。

图 4　儿童阅览区

3.3　建筑对营造城市客厅功能的支撑

广州是一座拥有 2200 多年历史的城市。然而由于城市文化符号的缺失,一直以来广州不断遭受"文化沙漠"的冷嘲热讽。文化是彰显城市个性魅力的标志,图书馆也可以体现一个城市的文化品位。在广州人文馆建设着重突出广州地区岭南文化的元素,青砖墙、趟栊门、满洲窗、木牌匾、明式红木家具,馆内利用仿古书柜进行软间隔,专门设置了广州大典和名人藏书区,收藏了欧初、王贵忱、姜伯勤、刘逸生等一批名家的文献和藏书。从踏入石材质地的楼梯开始,望着两旁广州西关的满洲窗,一份岭南人家、书香世族的雅致风韵扑面而来,它记载了广州的历史,引起人们对广州的回忆,仿佛回到往日熟悉的大街小巷。为突出公共交流的平台在本区域的中心位置,利用仿古家具和广州地方鲜明特色西关大屋客厅的摆设,营造出一个城市客厅和公共文化交流空间,作为开展各项文化交流和学术研讨的活动场所。借助广州人文馆具有岭南地方文化特色的阅览和交流空间,广州图书馆新馆已成功接待多个友好城市市长和领事官员在此举行外事活动,新馆已成为广州市市民和外事活动的一个城市客厅和重要的文化交流场所。

图5　广州人文馆

3.4　建筑对多元文化、读者交流功能提供空间支撑

营造富有理性氛围和人文气息的整体环境。针对创意艺术馆的服务对象是创意产业人群和艺术设计院校师生,在图书馆内部空间的设计装饰上,融入了主题的文化元素,营造一个艺术创造的氛围,深受设计人士的喜爱。在多元文化馆内,利用装饰风格和布局,突出东西文化的氛围,通过设立多个不同国家和地区的专柜,营造多元文化氛围。新馆将"多元文化窗口"作为一个极力打造的重要品牌。致力于汇集和展示本土文化和世界文化的交流平台。在平面布局中,除传统的阅览区域设置艺术风格的书架和阅览台椅外,更多的是增加了图书馆与读者、读者与读者互动的空间。考虑到广州市与世界上多个城市建立了友好城市关系,通过设置一些公共互动平台,可以利用此平台和空间举办一些友好城市之间的文化交流活动,可以吸引更多的友好城市和读者赠送更多的图书资源给新馆收藏和利用;邀请外籍人士开展真人书活动,为读者提供了解世界各国文化的场所。同时,在此楼层上的创艺设计馆也可以使用此公共空间,可以提供图书馆与设计师和读者之间互动的共享活动平台和空间,可以不定期地举办各种活动和展览。在当今信息时代,人与人的交流更多地通过电话,电子信件来进行沟通,人与人的直接见面沟通和交流越来越少,新馆通过建立多人专

123

家交流区,提供有需要的读者来此进行学习和研讨,通过人与人面对面地进行讨论、沟通、交流,思维的碰撞可以产生出新的灵感,可以将知识转化为生产力和创作力,同时通过营造优雅的人文环境,拓展新的服务功能,让图书馆变为信息共享的空间、自由研讨的平台、休闲阅读的场所、文化活动的中心,为市民提供一个公众文化交流的活动共享空间。希望将来人们交流的场所不是在茶楼酒楼,而是在图书馆。

3.5　建筑为初次到馆读者提供认知和分享图书馆的服务支撑

地处广州市城市新中轴线的花城广场,每年会吸引大量的观光游客进入图书馆。为使读者更多地了解图书馆和利用图书馆,在首层设置了从古到今的阅读方式的图片、家具和设备展示。从春秋时期孔子的杏坛口口相传开始,到战国—宋代时期抄读阶段,印刷术的发明,起源于宋代印本书的出现,到现代印刷与数字阅读阶段。本区域内的设置和展品有别于博物馆,读者可以通过对展品的参观、使用和互动,深入地了解各时期的"图书"和阅读方式,体验阅读带来的乐趣。同时,也设置了文化休闲阅读区,提供了与市民生活息息相关的饮食、服装、汽车、旅游等倍受喜爱的图书,为读者提供了一个休闲的阅读场所。

3.6　设备智能化对提高服务质量的支撑

利用先进的 RFID 技术,扫描身份证可以免费自动办理借书证。智能书架和虚拟立体的 RFID 馆藏文献定位系统,电脑检索可以实现文献资源的准确定位、快速导航。在各楼层大量设置自助图书借还设备,读者可以方便地自助办理图书借、还书手续。可翻页的图书自助消毒设备,消除了读者对图书消毒的疑惑。自助复印设备,满足了读者复印文献资料的需要。图书自动分拣设备,实现馆藏文献自动分拣,可以方便地分别出图书是否已有读者预约,减少读者预约取书的时间,同时可以经过垂直分拣系统,将图书直接送到指定楼层,实现图书上加提速,加快图书借阅的周转时间。24 小时自助图书馆,采用智能书架导航设备、自助办证、自助借还图书设备和小型的图书自动分拣系统。新馆实现无线与有线网络全覆盖,大力地发展移动阅读平台,推进适用于手机、电子阅读器等媒体的移动阅读服务,与时俱进推出 iPad 馆内外借服务,二维码图书借阅服务和新增办理二维码读者证服务,读者只要登录广图官网或微信平台,将自动生成的二维码图片保存到手机,就可以用这张二维码充当读者证使用。可以直接办理图书外借、续借、借阅查询、书目查询等多项业务,即使忘带证件,也不用担心了。提供粤剧传承、音乐普及和创作的空间。广州是一个开放的城市,是粤曲和流行音乐的发源地,又是金钟奖永久落户之地。为传承粤剧、推动粤剧和流行歌曲的发展,让更多的市民能够欣赏和参与创作更多的音乐作品,新馆特别设置了可以欣赏高品质音乐的视听室 3 间,可以提供给音乐爱好者创作音乐的小型录音室 6 间和 1 个可供多人录制节目的录音棚,同时在视听欣赏室内不定期地举办各种高品质的视听作品欣赏讲座,为有需要的市民提供服务。

4　结语

新馆的独特建筑为图书馆各项功能的设计和服务的开展提供了最为重要的基础性支撑,并大大地提升了新馆服务读者的能力,因此带来了持续上升的读者满意度,得到了社会的一致认可:广州图书馆新馆开放已成为“广州市入载地方志十件大事”之一,还被评为广州市新型城市化发展这两年政府十件新鲜事。可见,广州图书馆新馆总体上是一个建筑与功能结合得比较好的案例。

参考文献

1　方家忠.广州图书馆新馆开放带来的启示与思考[J].图书馆杂志,2014(2):4—9.

2　广州图书馆.广州图书馆 2011—2015 年发展规划[R].广州图书馆,2010:35.

3　王永东.新技术新设备在现代图书馆的应用探讨[J].图书馆论坛,2008(2)增刊.

舟山图书馆新馆环境建设与功能布局思考

张　雷

The Thinking of Environmental Construction and Functional Layout of the New Building of Zhoushan Library

Zhang Lei

摘要：本文从图书馆家具配置、馆内绿化、标识系统、光照设计及现代化技术的应用等方面，概述舟山图书馆新馆的内部功能布局和环境建设，并对新馆使用过程中发现的问题提出思考。

关键词：图书馆，环境建设，功能布局

Abstract：This paper summarizes the internal functional layout and environmental construction of the new building of Zhoushan Library, from the aspects of library furniture, the greening, identification system, lighting design and the application of modern technology, etc.

Keywords：library, environmental construction, functional layout

图书馆是一个为市民提供阅读、交流、研究和休闲的公共场所，现代图书馆一切围绕人的活动，为其创造舒适、文明、优雅的内外部环境和合理的功能布局已日益成为图书馆新馆建设所追求的目标。舟山图书馆新馆开馆一年多来，以其温馨的阅读环境，现代化的借阅设备，人性化的知识服务，2013 年接待读者 102 万人次，借阅图书馆 139 万册次，逐渐成为新区的文化地标。

1　新馆建设背景

位于定海城区的舟山图书馆成立于 1956 年，原为定海县图书馆。1987 年 3 月，舟山撤地建市，1988 年 8 月定海县图书馆升格为舟山图书馆，1989 年 9 月对外开放，建筑面积 3600 平方米，馆藏 25 万册。随着群岛新区的发展，老馆日显拥挤，它能提供的服务项目与服务空间已无法满足市民日益增长的精神文化需求，建造新的图书馆不仅是发展海洋经济的需要，也是舟山建设海洋历史文化名城的重要环节，是打造海岛城市文化的重要平台。

舟山图书馆新馆于 2009 年 4 月破土动工，历经三年多的建造与布置，于 2012 年 12 月正式向市民开放。新馆位于舟山市政府大楼南侧，与博物馆、文化馆和城市展示馆共同构成舟山市海洋文化艺术中心，

张雷，舟山图书馆馆长助理，馆员。Email：181142242@qq.com

其中图书馆建筑面积 12 360 平方米,建筑高度 24 米,分地上 4 层,地下 1 层,设计总藏书量 60 万册,阅览席位 720 个,日接待能力 2000 人次,是一个集文献借阅、信息咨询、教育培训、市民休闲和海洋数字资源于一体的综合性的现代中型公共图书馆。

2　独具海洋特色的建筑外形

建筑是一个人与社会同构的文化载体,其本质可以说是用独特的建筑语言,诠释一个城市的时代精神和文化哲学观念。作为本身就具有文化属性的图书馆建筑,应该赋予其深刻的文化内涵,并以其独特的建筑文化给人以潜移默化的文化熏陶与陶冶。

新馆的外形融入了大海礁石的概念,在海水的长期作用下,礁石印证了岁月的痕迹,自然的肌理记录了沧海桑田的历史记忆。图书馆西、南外立面采用石料与玻璃,用两种材质的对比,表现礁石与海水的一柔一坚,一动一静,碰撞交融,相互作用,体现了建筑的海洋文化概念。LED 灯光的运用,在夜景中显现潺潺的水流,配合海洋声效,使人身临其境般,如进入梦幻的海洋。整体建筑被浅水池环绕,与中轴线上的中心水景相呼应,创造宁静的文化氛围,同时也体现了礁石与海水的意象。水池自然的阻挡,使建筑更显独立,达到可视不可达的效果。

图 1　图书馆外景

3　服务功能与楼层布局规划

新馆布局按照"声音由动到静，人流由多到少"的原则，在馆内使用面积的分配比例上，供读者使用的公共区域面积比例达91%，远远超出公共图书馆建设标准。

设计一楼为少儿区、闭架书库和采编区。一楼为次出入口，可单独出入连接海洋文化中心的中庭，减少儿童的吵闹对图书馆成人阅览的影响，少儿区整合少儿借阅、少儿电子阅览和亲子阅览于一个大空间。二楼为图书馆主出入口，由中心共享平台进入，主要功能有总服务台、成人借阅区、展览区和数据中心。三楼为综合阅览区，集报刊阅览、电子阅览、多媒体阅览、视障文献阅览与自修区于一体，内部做各区域划分。大厅设读者休闲区，别具艺术特色的咖啡吧为读者提供了一个温馨舒适的休闲环境。多功能厅为中心统筹、资源共享，主要用于图书馆讲座、报告会、文化共享工程视频展播及各类会议、演出。四楼为专题文献阅览室和读者研究室、培训室和行政办公区，专题文献阅览室划分海洋文献、地方文献、综合参考、特藏文献和佛教文化五个专题区，为读者提供参考咨询、文化沙龙、学术交流等服务。

图2　咖啡吧

4　人性化的环境建设在新馆中的体现

如何为读者创造一个温馨、安静、舒适的阅读氛围,图书馆的内部空间建设即室内环境的设计起着至关重要的作用。新馆内部环境建设的总体目标是:

(1)彰显知识殿堂的氛围,既体现舟山的文化底蕴,又具有时代的特点,符合国际图书馆事业发展的趋势。力求朴实高雅,简洁大方,开放而不张扬,精致而不奢华。

(2)坚持实用的原则,设计服务于功能,动静清晰,流线顺畅,注重安全与环保。

(3)坚持以人为本的理念,体现对读者的尊重与关怀,充分考虑不同类型读者的需求。

(4)适应现代新技术、新设备在图书馆的应用,满足图书馆实现自动化、网络化、智能化、数字化的需求。

4.1　家具设计

家具作为图书馆内部环境的重要组成部分,其造型风格、材料色彩以及搭配摆放,都对图书馆的视觉环境和使用功能起到不可忽视的作用。舟山图书馆的家具设计主要遵循了以下两个原则:

一是实用性与艺术性相结合。新馆家具的选购,首先是注重实用性,如书架采用钢木结构,在读者借阅区如采用全钢质书架,会让人生产一种生硬的感觉,所以我们采用钢质的层板,配木质的侧板和顶板,同时,钢质层板的底层隔板的设计角度由平面改为斜面,书架总高度和宽度不变,与水平成15°倾斜角,读者无须采取蹲姿,即可看到书架上图书书脊的书名与索书号,提高读者检索、工作人员整理图书的舒适性和高效性。在钢质层板的色彩处理上,不同区域的颜色在同一色调的基础上做细微的变化,改变了以往的单一性,使色彩更具艺术性。同时,靠墙处的整面书墙,既有效利用了空间,又成为一道亮丽的风景。少儿区的阅览桌,都是由大大小小的几何图形组成,拼起来可以是一张圆桌,分开又是一条鱼的形状,体现了舟山的海洋特色。小桌子可以分散在各个区域,让小朋友有一种置身书海的感觉,从而实现了人在书中理念。

二是统一性与区域性相结合。新馆每一层的书架与阅览桌都是不一

129

样的,但它的色系又是统一的,只是在款式上做略微变化,如外借区的阅览桌是圆脚,专题阅览区则改成方脚;在桌面的漆面处理上,外借区是封闭式,综合阅览区则又是开放式的,既区分了每个区域的家具,又形成了有机的统一。但对少儿区家具在色彩处理上,则采用色彩鲜艳的红、橙、绿,符合儿童活泼的个性,体现了儿童色彩斑斓的童年。

4.2　绿化设计

图书馆馆内绿化,是图书馆环境建设中不可缺少的一个环节。为图书馆增添清新的自然气息和文化氛围,起着非常重要的作用。绿化不仅能美化环境,衬托建筑,增加艺术效果,而且能净化室内空气,调节气温,同时也能让读者在长时间阅读中缓解疲劳,得到放松,消除在学习中的枯燥感和单调感。

新馆绿化立足于简洁、高雅,同时遵循与室内氛围相协调的原则,以绿色为主色调,在大厅、阅览区和读者休息区域,放置幸福树、也门铁等常绿观叶植物,在过道及走廊,则放置较低的大叶绿萝、散尾葵等,通过树木的高低、树冠的大小、树形的变化进行合理搭配,同时在花盆外配置各种造型的花木箱,与馆内的家具相协调,巧妙的花箱组合与树木高低搭配,增加了绿化的层次感,丰富了环境的空间变化。

图 3　阅览区绿化

4.3　标识设计

图书馆的标识,是一种大众传播符号,它以精炼的形象表达一定的涵义,借助人们对符号的识别、联想等思维功能,传达一定的信息。舟山图书馆新馆的标识设计主要包括馆标设计和标识系统设计两个部分。

图书馆的馆标是图书馆的象征,是整个视觉传达设计的核心。新馆馆标以"舟山"二字为创意点,巧妙结合,突出舟山地域属性,识别性极强。横向融入汉字篆书的"书"中,更突出了图书馆的行业属性,让人一目了然。竖向又形成展开的古代书简造型,更凸显图书馆丰富的文化内涵。整个标志图形又像叠加起来的书本造型,凸显图书馆丰富的馆藏,层层阶梯,寓意舟山图书馆犹如知识的海洋,是读者通向成功的阶梯。

图 4 图书馆馆标

新馆的标识系统造型以简洁、现代为整体设计理念,点、线、面结合,符合群体审美观念,立式、壁挂、悬挂、台式分类设计,字体与图形的大小比例均经过反复调整,较好地与建筑本体相融合并在尺度上符合人体工程学要求。

标识系统定点经过多次现场勘查讨论确定,在人流通路和视觉标识度及光照几方面因素的结合指导下,定出指示系统的安装位置,以方便群体的辨识又避免重复和不合理性导致的浪费。造型平面设计上以标志辅助图形做延展,体现形象的整体性和有序性,特别是总平面分布图指示台上出现翻开的书本造型,来突出图书馆的特性,抽象与具象巧妙结合。

在视觉色彩设计上,在整体形象设计中的机构标准色的基础上进行衍生,开发出辅助色系,以浅米色为主体色的立式指示牌,配以标准蓝绿标志

131

色及同色系的暗花纹,视觉识别度高,但又给人放松的心理感受。平面图上局部多样色彩也是低纯度的,在引起视觉重视的时候也不会太跳跃,符合生理和心理上的平和感知度。

材质运用以现代感强的铝板和亚克力两部分构成。铝板给人以结构度稳定的感觉,而亚克力给人质轻、透明度好的视觉体验。工艺上采用整体烤漆、丝网印刷、磨砂处理、背雕等一系列组合,在保证表面材质易于清洁、维护的基础上,给整个标识系统增添变化,避免了单一工艺带来的单调性和审美疲劳。

4.4　光照设计

图书馆的光照设计,不但从生理上影响读者的视觉,而且还直接或间接地通过影响环境的氛围、创造环境的舒适程度,影响到读者的阅读情绪。光照可以构成空间,又能改变空间;既能美化空间,又能破坏空间,不同的光照能营造不同的空间意境和气氛。

在新馆的功能布局上,各楼层临窗的位置都是读者的阅览区,让读者在白天能充分利用自然光源,当读者视觉疲劳时,可通过与窗外自然环境的沟通,有效地减轻视觉疲劳。但由于在外观设计上南面多为实体墙,对自然采光造成一定的影响,为此在新馆建设中,从四楼顶层开设了大面积的采光井,光线穿透四楼与三楼的天井,直通三楼,采光井下,安置读者休闲凳,让读者在阅读的同时享受到阳光。

各借阅区内,顶部均为嵌入式节能灯,形成光的漫射,避免炫光的产生。为弥补读者在书架检索图书时的光线不足,在书架顶部安装了感应式 LED 节能灯,人到即亮,人离即灭,既满足了读者检索图书的需求,又起到环保节能的效果。在每张阅览桌上,都配置了台灯,从而弥补读者的夜间阅读需要,在这样一个环境下阅读,让人有一种在自己书房里阅读的感觉。

4.5　现代化技术应用

新馆在现代化技术应用方面,主要遵循了以下一些原则:

一是以人为本的一体化支持。新馆信息系统设计坚持以使用者为中心,从底层基础支持到应用系统整合紧紧围绕服务功能与楼层布局规划展开。新馆部署了骨干万兆接入千兆的内部网络,保障各类服务数据畅通传输,设立专用万兆光纤存储支持个性化多媒体视听服务建设,实现全馆无线覆盖和无缝漫游,方便读者随时接入图书馆数字化服务,引入 RFID 前端设备实现读者自助图书借还,同时在全馆各出口部署双向无线人流计数器为图书馆管理提供一手数据。

二是系统资源的整合。新馆应用系统建设充分考虑方便读者,利于决策辅助,建立统一身份认证机制,实现图书借还、无线接入、电子阅览、视听服务和线上读者个人阅读空间一证通。

三是智能化的集中部署管理。现代技术为图书馆服务建设提供支撑的同时还需要提高各类设施设备的管理效率。新馆引入了虚拟化和云技术,搭建了云数据中心,实现应用系统快速部署和系统资源自动调配。为保证 RFID 设备的正常工作,建立了所有 RFID 前端集中远程监管平台;为保证网络高可用性,网络设备同样也引入虚拟化技术,每一楼层多个接入设备均虚拟化为一台,采用了一体化的双核心交换,建立了智能化网络设备集中管理系统,只需少数技术人员即可对全馆所有网络设备进行实时监看与管理。

5　新馆各区域在使用过程中发现的一些问题

5.1　外立面设计

从使用功能上看,由于过分追求外观效果,外立面大量石材的运用,阻挡了南面自然采光,除一楼是玻璃外,二楼至四楼的采光远远不足,以致阅览区任何时候都要开灯,且南面玻璃幕墙中没有可开启窗户,对自然通风造成很大的影响,只能凭借信风系统和空调系统来调节室内的空气,大大增加用电能耗,而且这种设计也达不到理想的自然送风,不利于空气的清洁。由于没有自然通风,舟山潮湿的气候造成图书大量发霉,现经多方面协调,在各楼层的南面开窗,虽然达到了一定的通风效果,但采光的问题还是无法得到根本解决,面朝大海的优越阅读环境无法全方位得到体现。

5.2　亲子区与少儿借阅区的空间划分

亲子区与少儿借阅区只是做相对的划分,整体上还是在一个空间内,由此亲子区各项活动的开展,如小鱼儿故事会、英语沙龙、快乐讲堂等活动在一定程度上影响了少儿区读者的阅览。为给少儿读者创造一个相对安静的阅读环境,现将亲子区迁至一层独立的空间,从而解决对少儿区的影响,但由于空间条件的限制,亲子区面积比原来的缩小,将来的发展将受到很大程度的制约。

133

5.3　书库藏书问题

随着政府对文化事业发展的重视,图书馆近几年年购书经费维持在 150 万元左右,目前舟山图书馆的馆藏 57 万册,其中新馆图书 37 万册,老馆图书 20 万册,而新馆的设计藏书量是 60 万册,图书的增长与馆舍面积不足的矛盾日益显现,新馆迁至新城后,老馆的图书现留给定海区图书馆使用,按照老馆图书五年剥离的计划,一旦老馆图书回到新馆后,新馆将立即处于饱和状态,如何解决书库的藏书问题是新馆亟待解决的难题。

5.4　多功能报告厅隔音效果欠佳

多功能报告厅设在三楼,它的层高为三、四两层,挑高的空间使报告厅更显大气,它的功能不仅能满足图书馆的讲座和报告会,同时也可以承接小型的文艺演出。但由于旁边就是阅览区,报告厅不能做到完全隔音,嘈杂的音乐声与川流不息的观众常常会给需要安静阅读的读者造成很大的影响。

5.5　缺少独立展厅

受场地条件的限制,没有独立的展厅,目前的展览只能在二楼大厅展出,无法举办大型的展览,但也有其有利之处,二楼大厅的人流量最多,读者能直接看到展出的展板,对于大型的展览,文化馆二楼的美术馆展厅可以作为互补。

5.6　层高问题

新馆一楼的净层高为 3.5 米,二层至四层的净层高只有 2.8 米,对于每层 1000 多平方米的大空间而言,读者进入借阅区后感觉有些压抑,书架的高度为 2.18 米,这样对无线 AP 的辐射造成一定的阻挡,从而增加了无线 AP 点。

参考文献

1　边志瑾.关于高校图书馆家具选配的几点思考[J].河南图书馆学刊,2006(6):95—96.

2　赫玲.图书馆建筑的环境与艺术设计研究[D].西安:西安建筑科技大学,2006.

3　赵雷.现代化图书馆馆舍建设研究[J].图书馆论坛,2005(25):19—23,69.

浅析公共音乐图书馆建筑的功能分区

方竹君

Brief Analysis of Function Division of Public Music Library Building

Fang Zhujun

摘要：在公共图书馆事业不断发展的今天,特色图书馆已经成为公共图书馆建设中的一项重要内容,音乐图书馆就是其中之一。本文以建筑学的功能分布为基础,阐述了适合公共音乐图书馆的功能分区,并从用户角度论证了其合理性。

关键词：公共音乐图书馆,功能分区

Abstract：Along with the fast pace of public libraries development, the characteristic libraries have become an important role of public library system, which include music library. The paper describes the proper function division of public music library and demonstrates its rationality from users' view.

Keywords：public music library, function division

1　公共音乐图书馆的概念

"公共音乐图书馆"在广义理解上是指:开展以"音乐"为主要特色服务的公共图书馆[1],同时,也是在公共图书馆的基础上对音乐学科的文献信息资源进行收藏的图书馆[2]。公共音乐图书馆是在全民性、学术性、综合性的公共图书馆基础上,对音乐学科的文献进行重点收藏,并为有音乐需求的特定读者提供服务的图书馆[3]。近些年,互联网科技的迅速发展,将人们的工作、学习、生活与网络紧密联系,相辅相成。人们也逐渐开始通过计算机、手机、网络等设备接收外来信息,以及进行各种娱乐消遣,例如网络点播歌曲、看电视、阅览电子图书等。由于人们收听收看的渠道日益增多,我国的乐迷数量、各类音乐俱乐部也迅速增加,因此,国内各大城市先后出现"公共音乐图书馆",例如:杭州图书馆音乐分馆、天津图书馆音乐分馆等。

公共音乐图书馆主要收藏音乐学科的不同语言、不同主题内容[4]、不同载体形态(DVD & CD & 手稿 & 录影带)等文献,不仅为读者提供全球各类题材的音乐资讯、为国内外专业人员提供有助于创作、演出、表演艺术等方面的理论研究[5],同时充分围绕音乐学科展开各类特色服务,为所有读者、音乐爱好者提供普及、学习音乐理论知识、欣赏国内外各类音乐的机会。

方竹君,杭州图书馆,助理馆员。Email:59454411@qq.com

2　图书馆建筑的功能分区

2.1　从建筑学角度阐述图书馆建筑功能分区设置概念

"功能分区"是建筑学常用概念,指任何建筑物都是由若干不同使用功能的空间组成的,功能分区意味着对这些不同的使用空间的整合与概括,功能分区的设置概念是:将空间按不同功能要求进行分类,并根据他们之间联系的密切程度加以组合、划分。简单地说,功能分区是根据实际服务需求而进行划分的区域。图书馆建筑的功能分区是建立在原有建筑学基础上,再结合图书馆核心性质:文献资料贮藏中心,同时要满足图书馆的各项读者服务功能:"文献的流通与阅览,数字资源的阅览与检索、视听资料阅览、读者教育与培训等",在此基础上设置的,最终目标是为所有读者提供一个公正的、便捷的、舒适的文化交流、学习和娱乐休闲的场所。

2.2　合理的图书馆建筑功能分区的作用和重要性

"便捷性与方便性":图书馆的功能分区除建筑面积、格局等硬性限制条件外,以提供读者第一时间借阅服务为主旨来进行功能分区。原则是不交叉、不迂回、不重叠,让读者在服务空间内移动的距离越短越好。因此,读者流动量最大的文献借阅中心应靠近主入口。例如杭州图书馆以一号门大厅作为主入口,大厅右侧即是文献借阅中心。读者一进大厅就可以快速借阅或者浏览读书,节省时间。由于大厅左侧受到建筑格局限制,因此左侧扶梯上二楼直接呈现的是读者自修区,为需要做研究或者浏览图书的读者第一时间提供便民服务等。再次,图书馆以服务读者需求为前提,在面对读者借阅、浏览或者参加各类活动的咨询需求时,明确的合理化布局使得业务工作相互交叉、紧密联系的部门和工作人员能尽快满足读者。

善于管理:图书馆由闭架式走向开放式,读者借阅量迅猛增加,合理的建筑功能分区既可以使书籍、读者和馆员服务之间路线通畅,避免交叉干扰,简化和加速书籍流通,又大大缩短工作人员取书和运书距离,善于管理,提高效率。

图1　杭州图书馆一号门大厅

2.3　公共图书馆的基本功能分区

传统的公共图书馆的功能分区比较单一、呆板并且固定,藏书、借书与阅览彼此分离,自成一体。随着社会的前进和科技的迅猛发展,现代图书馆的功能分区主要是由:入口大厅区、文献借阅区(包含期刊、报纸、儿童阅览区)、读者自修区、信息咨询区、学术研究区、藏书区、行政办公区等组合而成,各部门并不是一个独立的个体,而是相互交叉。

在设计图书馆建筑的功能分区时,既要考虑当前读者需求,还要考虑图书馆的未来发展前景,因此现代图书馆的功能分区不是一成不变的,而是更趋向于"灵活性""综合性""学术性",符合不同时代和不同需求。

3　适用于公共音乐图书馆建筑的功能分区设计

公共音乐图书馆的建筑功能分区,除了符合公共图书馆必须具备的硬件设施和文献馆藏等,还需紧贴音乐学科的艺术特点。近几年,越来越多的高校图书馆开始开设音乐分馆,尤其是专业音乐院校,如上海音乐学院音乐图书馆、新加坡国际学校等,但由于目前高校图书馆之面向在校学生,读者群体有所限制,因此为了更好地挖掘和开发公共音乐图书馆的社会职能,可适当参考专业院校音乐图书馆的空间布局和设计。由于音乐类馆藏资源载体形式的特殊性和多样性,总结二者的特点和社会职能,公共音乐图书馆建筑的功能分区大致可以分为两大类:静态功能区和动态功能区。

137

3.1　静态功能区

静态功能区包含纸质文献阅览区（书籍、曲谱）、音乐欣赏体验区（CD & DVD）、读者自修区三种功能区。

纸质文献阅览区：纸质文献阅览区是公共音乐图书馆的特色馆藏，它包含音乐学科书籍、音乐杂志、曲谱以及稀有资料，内容涉及表演、理论、作曲实践和音乐历史等，供多层次读者查阅和研究。

图 2　天津图书馆音乐分馆文献借阅功能区

音乐欣赏体验区（CD & DVD）：在音乐传播的原始形态中，"聆听"是音乐最直接、最快速、最有效的传播方式。音乐图书馆可设置音乐欣赏体验区，为所有读者提供最权威、最真实、最专业的音乐视听。音乐欣赏体验区可配备独立 CD 机、DVD 机、耳机等多媒体设备，以及 CD & DVD 借阅区和独立桌椅，给读者提供一个独立却又隐形的"音乐蜗

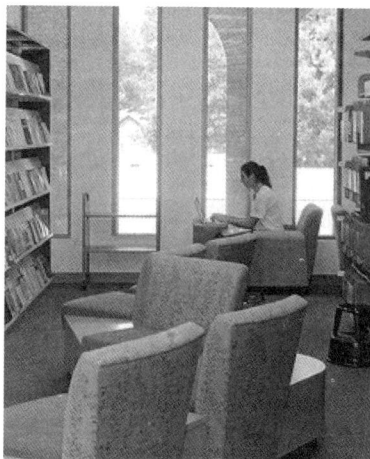

图 3　美国杜克大学音乐图书馆
文献借阅功能区

居"。对于公共音乐图书馆或专业院校音乐图书馆而言,音乐欣赏体验区是必不可少的,是赋予多层次读者平等享受音乐熏陶的功能区。

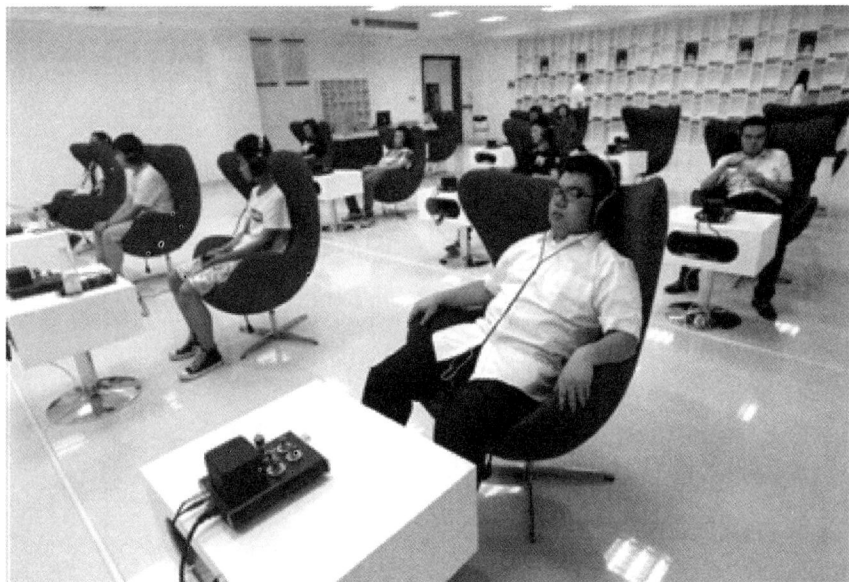

图4　温州图书馆音乐分馆音乐体验区

读者自修区:读者看书、研究、学习的地方是"读者自修区"从字面而来的解释,也是公共图书馆读者服务中最重要的功能区之一。借鉴公共图书馆读者自修区的设置模式,音乐图书馆不仅提供给读者多种载体的音乐资源,也需要供给读者研究、阅览和学习的区域。

美国社会学家奥登伯格(Ray Oldengurg)提出:"家庭是第一空间、职场办公场所是第二空间、酒吧公园图书馆等是第三空间"。如今的现代公共图书馆,已不再局限于最基础的"借阅"功能,而是开始逐渐打造市民的"第三文化空间",例如杭州图书馆,其目标是打造一个集学习空间、交流空间、创意空间、展示空间、娱乐空间于一体的"第三文化空间"。同时,传统的借阅服务已不能满足多层次读者对于获取社会信息的需求,读者更向往的是能从图书馆学习知识、研究查阅、开阔眼界、丰富生活,并且提升生活质量。因此,对于公共音乐图书馆来说,除去传统借阅,还应以现代化服务和多视觉活动为主。

139

3.2　动态功能区

动态功能区包含 MIDI 音乐键盘室、研讨室(小型乐队练习室与琴房)、录音棚、HiFi(高保真)音乐视听室、演出厅等。

MIDI 音乐键盘室功能区：MIDI 是英文 musical instrument digital interface(乐器的数字化接口)的缩写，是指用鼠标和键盘输入或者录入音乐来弹奏的工具，包含合成器、电脑、音乐软件、调音台等，可以模拟多种效果，用电脑将来源于键盘乐器的声音转化为数字信息存入电脑。国内外大多数音乐学院有专业的 MIDI 音乐制作室，但受众面仅限于在校学生，而公共音乐图书馆对于音乐专业院校学生来说，除了学校还可以通过图书馆将自己创作的音乐通过电脑制作，进行二次创作、修改、合成和保存，提供了一个专业性的平台。其次，对于喜好音乐的读者来说，不仅可以学习，开拓知识面，还能在馆员的指导训练下学习如何创作，完成社会继续教育。

图5　美国教堂山图书馆音乐图书馆 MIDI 音乐键盘室

研讨室(小型乐队练习室与琴房)：公共音乐图书馆可根据馆部实际的建筑面积和空间分布设置若干个小型研讨室，需具有隔音效果，并且配备桌椅、钢琴和电脑投影设备。不仅提供了一个可供若干个读者讨论交流学习的场地，还可成为音乐爱好者、专业音乐类学生、小型乐队的排练教室，同时也可配合今后音乐图书馆的各项多样化的音乐类活动，例如音乐知识讲授班、音乐欣赏班、中西方音乐史课程班，等等。

录音棚:录音棚也可称为录音室,通过创造特定的音乐环境进行录音的专业场所,可录制各类音乐:电影音乐、歌曲、器乐,等等。国内几乎只有专业的音乐院校和工作室具有录音服务,受众面也只是学生这一小部分人群,无法达到人人享用的状态。如今,图书馆正逐步转型,为市民读者提供公平、便捷、共享、新意的服务成为服务之重。因此公共音乐图书馆可参考专业类院校设置(如浙江传媒学院),配备专业录音室,专业的录音工作人员,面向市民、读者、音乐爱好者等免费开放,不仅提供了专业录音平台,同时也可以是一个让读者学习了解"录音棚"的概念和操作过程的机会。

图6　浙江传媒学院录音棚

浅析公共音乐图书馆建筑的功能分区

141

HiFi（高保真）音乐视听室：HiFi 是 High-Fidelity 的缩写，也称为"高保真"，其定义是：与原来的声音高度相似的重放声音，也就是说经过音响器材重放的声音与录音现场所录制时发生源所发出的声音是高度相似的。高保真音响视听室着重音色的"原汁原味"，不同的音响设施可试听不同的音乐类作品，从最真实的，自然的角度视听欣赏，因此给读者提供一个舒适、平等享有的欣赏的区域，同时无论是欣赏古典音乐还是流行、现代音乐，都能带给听众听觉上的饕餮盛宴。公共音乐图书馆的 HiFi 视听室还可定期举办各类小型（视建筑面积而定）的不同主题的音乐沙龙、讲座活动，不仅可以充分利用 HiFi 设备为读者、音乐爱好者和市民进行顶尖的音乐欣赏，还可普及音乐类学科知识，例如中西方音乐史、基础乐理和作曲知识，等等。以杭州图书馆音乐分馆为例，每周有三场音乐 HiFi 教室视听活动，依据不同的音乐主题内容选择不同的 HiFi 教室，以欣赏和讲解作品欣赏为主，目前共有三大主题系列音乐赏析活动：西方音乐、中国民族民间音乐、音乐剧赏析。除此之外，还可利用 HiFi 视听室举办一些小型音乐大师班，为读者、音乐爱好者和市民搭建一个与音乐大师面对面的平台。

图 7　杭州图书馆音乐分馆 HiFi 室之一

图 8　杭州图书馆音乐分馆 HiFi 室之二

图 9　杭州图书馆音乐分馆 HiFi 室之三

143

音乐厅:随着社会的进步与发展,人们开始不再紧紧追求物质的进步,而是投身于精神世界的畅游中。周末,在图书馆看上一本好书,听上一场音乐会,逐渐成为生活中的一部分,而公共图书馆也在转型过程中逐渐发展成为全面的、独特的、娱乐集合在一起的"休闲书屋",让读者在图书馆就能享受"一体式"体验:阅览、娱乐以及学习。对于音乐图书馆而言,音乐厅成为最大的功能分区,不仅可以举办大型音乐讲座活动和大型演出,例如定期为喜欢音乐的读者举办音乐会,普及音乐,丰富读者的业余生活,同时可以开展全球知名乐团的音乐演出。音乐厅的设立,为读者、音乐爱好者和市民提供一个自我展示的舞台,同时也为他们打开了通往音乐殿堂的大门,最重要的是让读者享有最便捷的音乐体验服务。

图10　中国国家图书馆音乐厅

4　问卷调查分析

本文有关公共音乐图书馆的空间功能分区(静态、动态)建立在此问题问卷调查数据上。此次杭州图书馆为调查场地,杭州图书馆音乐分馆共发放50张调查问卷,采用匿名填写方式,从读者的角度来设置不同的功能分区和作用(问卷调查模板及结果附后)。

问题 1:年龄

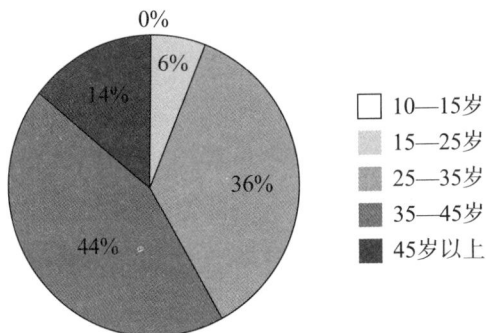

如图所示,25—45 岁年龄层的读者最多,不同年龄层的读者对于图书馆功能使用的需求也不同。

问题 2:您是第一次来音乐图书馆吗?

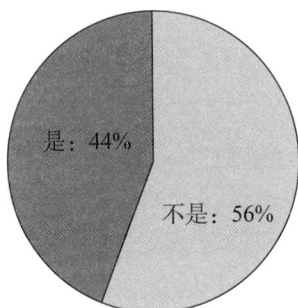

问题 3:您觉得音乐图书馆的功能分区应有:

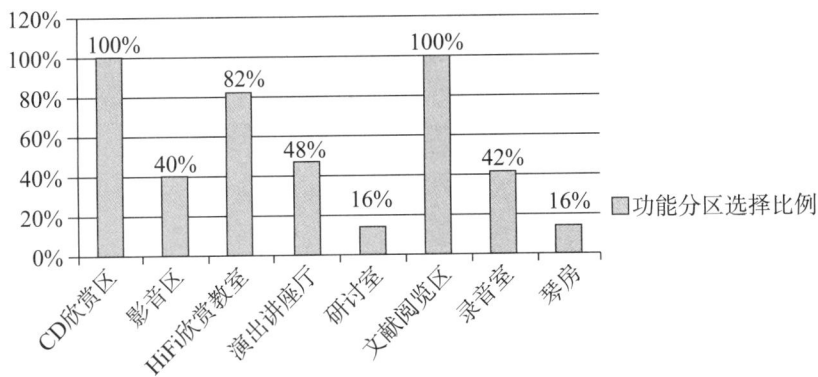

如图所示,50 位调查对象中 100% 选择 CD 欣赏区为音乐图书馆必备功能区之一,同样 100% 的为音乐类文献阅览区。82% 的读者认为 HiFi 教室也是必不可少的,接下去依次是:"演出讲座厅"48%,录音室 42%,影音

区40%,选择研讨室和琴房的读者最少。

5　结语

随着社会的快速发展,人们对精神世界以及业余生活的要求也逐渐提升的前提下,如今公共图书馆已开始慢慢改变其以往"借书、还书"的单一功能,公共图书馆开始迈向"第三文化空间",打造"休闲、娱乐、阅读"三维生活空间。公共音乐图书馆作为新兴音乐主题图书馆,在沿袭传统图书馆的基本功能基础上,不仅具备最为权威、齐全的音乐类馆藏资源,同时依据不同的、形式多样的功能区为音乐爱好者举办各种丰富多彩音乐赏析普及活动,切实地形成"娱乐、休闲、阅读"。

参考文献

1　刘陆先.东欧的音乐图书馆[J].江苏图书馆学报,1989(6):48—49.

2　秦越.高职图书馆功能分区浅谈[J].中国科技创新导刊,2009(4):255.

3　夏丽萍.公共音乐图书馆建筑刍议[J].黄河之声,2004(6):24—25.

4　李丹.公共音乐图书馆建设探析[J].河北科技图苑,2013(2):32—33.

5　聂文静,马惠.天津市图书馆音乐图书馆的声学设计[J].演艺科技,2014(5):38—43.

6　张雄.西方早期音乐图书馆概述[J].上海音乐学院学报,2009(3):122—126.